Castellón, Valencia und Alicante

Valencianische

Gastronomie und Küche

Fotografie Oriol Aleu
Küche und Styling Ana Torróntegui
Text und Rezepte Toni Monné
Grafische Gestaltung Joseta Torróntegui

TRIANGLE POSTALS

© 2014, Triangle Postals S.L.
Pere Tudurí, 8
07710 Sant Lluís, Menorca

Koordination und Herausgabe des Projekts: Oriol Aleu
Küche und Styling: Ana Torróntegui
Küchenassistentin: Alexandra Torres
Text und Rezepte: Toni Monné
Grafische Gestaltung und Layout: Joseta Torróntegui
Fotografie: Oriol Aleu
Übersetzung: Lucia Van der Linde

ISBN: 978-84-84478-592-7
Gesetzliche Hinterlegung (Pflichtexemplar): DLME-268-2013

Printed in Barcelona
Druck: Tallers gràfics Soler, 2014

Wohlhabendes Land, abwechslungsreich, grandios, glücklich. Schmelztiegel der Kulturen und Zivilisationen, geprägt von Puniern, Griechen, Römern, Westgoten und Arabern. Landschaft der Kontraste, deren leuchtende Farben Künstler und Schriftsteller inspiriert haben. Gastfreundliche, nette Landsleute, die Besucher aus den entferntesten Teilen der Welt, die in dieses Land kommen, um das mediterrane Klima, die Strände, die Schönheit der Natur und natürlich die unvergleichliche gastronomische Vielfalt zu genießen, gerne mit offenen Armen empfangen. Eine variantenreiche, einzigartige Gastronomie, die den besten Nutzen aus der unglaublichen Reichhaltigkeit und Vielfalt des Landes zieht. Die althergebrachte Kenntnis und Kreativität, Obst, Gemüse, Fisch, Meeresfrüchte, Fleisch sowie Wild- und Hausgeflügel miteinander zu kombinieren, hat eine erstaunlich wohlschmeckende und abwechslungsreiche Küche hervorgebracht.

Auf der gastronomischen Reise durch die Landkreise der drei Provinzen der Valencianischen Gemeinschaft werden wir ganz unerwartete Impressionen erleben und einzigartige kulinarische Erfahrungen kennenlernen. Wir werden in die Vergangenheit zu alten Zivilisationen reisen. Wir werden uralte Verfahren zur Konservierung von Lebensmitteln kennenlernen, die den Geschmack eines Volkes geprägt haben. Wir werden lernen, wie Gerichte zubereitet werden, von denen wir mal dachten, dass sie verloren gehen würden, eine einheimische Küche, die aus der Mode kam, wieder modern wurde und heute in den besten Restaurants serviert wird.

Ob Küche der Küste oder des Landesinneren, ländliche oder bürgerliche Küche, traditionelle oder avantgardistische Küche – es sind viele Gesichter derselben gastronomischen Realität, der wahre Schatz eines so wunderschönen wie abwechslungsreichen Landes, die kulinarische Umsetzung einer Landschaft angerichtet auf dem Teller.

Die Landschaft auf dem Teller

Es gab Zeiten, in denen die Rezepte, nach denen einst die Großmütter kochten, dazu verurteilt schienen, in Vergessenheit zu geraten. Der Triumph der allen Einflüssen gegenüber offenstehenden bürgerlichen, modernen Küche schien jene traditionelleren oder ländlicheren Zubereitungen, die es von jeher gegeben hat, in den Hintergrund zu drängen. Die tief in der Region verwurzelte einheimische Küche schien, vor allem in den Städten, für eine ganze Generation Köche und Köchinnen das Gegenteil von einem modernen Lebensstil zu sein.

Glücklicherweise haben sich in den letzten beiden Jahrzehnten die Dinge sehr geändert. Dass das gastronomische Erbe der drei Provinzen der Valencianischen Gemeinschaft wiedererlangt wurde, ist eine Tatsache. Vor dem Hintergrund der Steigerung des touristischen Angebots wurde ernsthaft und entschlossen auf die Verbesserung der Ausbildung im Hotel- und Gaststättengewerbe gesetzt. Der Beitrag einer ganz neuen Generation junger Köche, die in den besten Schulen und Bildungsstätten eine Berufsausbildung erhalten haben, war entscheidend für die Wiedererlangung und Wertschätzung der autochthonen Rezeptsammlung. Durch die größere Beachtung der traditionellen Küche haben Spitzenköche der Moderne und Avantgarde die Valencianische Gemeinschaft zu einem weltweit attraktiven gastronomischen Vorbild gemacht und neue kreative Horizonte eröffnet.

Die Valencianische Gemeinschaft ist aufgrund ihrer geografischen Besonderheiten ein Land der großen gastronomischen Kontraste.

Ein typisch schmales, langgestrecktes Land am Meer lässt auf die Vorrangigkeit der Fischküche an der Küste schließen. Die besten und unterschiedlichsten Produkte der Fischerei sind jeden Tag in den Fischbörsen und auf den Märkten erhältlich und bescheren eine besonders reiche Fischküche.

In der valencianischen Gastronomie kommt die große geografische Vielfalt des Landes zum Ausdruck.

Die bedeutende Tradition im Obst- und Gemüsebau ist ein unmittelbares Vermächtnis der arabischen Blütezeit und der Einführung ihrer Bewässerungssysteme. Ein günstiges Klima, ideal für die unterschiedlichsten Kulturpflanzen, hat zu einem unvergleichlichen Reichtum verholfen, der sich in einer herrlich abwechslungsreichen Rezeptsammlung mit Hunderten oder gar Tausenden von Rezepten widerspiegelt, in denen die verschiedenen Gemüse- und Obstsorten im Mittelpunkt stehen oder Luxusbeilagen sind.

Die Landschaft im Landesinneren ist weit schroffer. Die steilen Gebirgszüge bilden eine natürliche Grenze zwischen den Berglandschaften und den Sandstränden, den Feuchtgebieten und den Lagunen. Gegenüber dem starken Wachstum der Tourismuswirtschaft, der Industrie und des Städtebaus in den Küstengebieten ist das Inland weit weniger bewohnt und in vielen Fällen hängt die Wirtschaft seiner Dörfer stark von Nutzgärten und Feldanbau ab.

Diverse Zivilisationen haben in der lokalen Gastronomie ihre Spuren hinterlassen. Wir können auf neolithische Überreste stoßen, die uns das Leben in den Höhlen und die ersten Versuche in der Landwirtschaft veranschaulichen. Iberer, Phönizier, Griechen und Karthager hatten hier ihre Siedlungen, um von den Seehäfen aus Handel zu betreiben.

Wein und das geschätzte *Garum*, jene kräftige Würzsauce, die aus den Säften der Blaufisch-

Oben: Landschaftsbild.
Unten: Ausschnitt von einer wunderschönen Stelle am valencianischen Salzwassersee.

Schöne Naturlandschaften der Landkreise im Inland. .

eingeweide in Salz entstand, wurden von den Römern im ganzen Mittelmeerraum verbreitet. Tatsächlich ist dieses Gefallen an dem Einsalzen wie ein gastronomisches Identitätsmerkmal geblieben. An keinem anderen Ort des Landes gibt es eine so verwurzelte und kundige Kultur auf dem Gebiet dieses uralten Konservierungsverfahrens der mehr oder wenig edlen Fischteile.

Die Rezepte der Westgoten und Byzantiner sind uns so gut wie unbekannt. Die lange arabische Herrschaft jedoch hat sowohl in der Produktion als auch in der Zubereitung von Lebensmitteln ein großes Vermächtnis hinterlassen, das auch heute noch in den Obst- und Gemüsegärten spürbar ist.

Die örtliche Gastronomie der Provinzen Castellón, Valencia und Alicante verdient eine umfangreiche Enzyklopädie, damit sämtliche Erzeugnisse, Rezepte und kulinarischen Zubereitungen gebührend behandelt werden.

Die Wirtschaft vieler Gemeinden in den Bergregionen der Valencianischen Gemeinschaft basiert auf Landwirtschaft und Viehzucht.

In jedem Dorf, in jedem Tal, finden wir eine andere Spezialität, eine eigene Form, landwirtschaftliche Erzeugnisse zuzubereiten, die die Zeiten überdauert hat. Ein enormes Erbe, das eine wahre Fundgrube für wissbegierige Gastronomen ist.

Allein den diversen Zubereitungen für Fladenkuchen, Eintöpfe, Reisgerichte oder Gebäckspezialitäten folgend könnten wir das ganze Land mit Routen abstecken. Ganz zu schweigen vom Wein, dem sublimen Ausdruck des Landescharakters, einem Sektor, der sich auf dem Weg befindet, das hohe Ansehen wiederzuerlangen, das er jahrhundertelang genoss, bis die Weinberge Mitte des 19. Jahrhunderts von der Reblaus vernichtet wurden.

Eine andere Route könnte als Ausgangspunkt den Festtagskalender haben. Die Gastronomie ist sehr eng mit den traditionellen Festen verbunden. Ob Patronatsfeste, religiöse Feierlichkeiten oder Volksfeste, sie alle können mit einem Gericht oder Rezept aufwarten, das eine echte Gaumenfreude ist.

Für Lorenzo Millo, den großen Experten der valencianischen Küche, galt es, die soziale und historische Entwicklung kontinuierlich zu berücksichtigen, um die Gastronomie dieses Landes definieren zu können. So ist die Valencianische Gemeinschaft in erster Linie ein Land von Zuwanderern, weshalb sie unter den unterschiedlichs-

Oben: Blick auf die Markthalle Mercado Central in Valencia.
Unten: Obststand.

Friedliche Landschaft im Umland von Morella.
Oben: Distelstangen. Unten: Schneckenverkäufer.

ten Einflüssen gestanden hat, die ihre komplexe Persönlichkeit geprägt haben. Und ohne jeden Zweifel wird es so noch weitergehen, denn die Gastronomie – die Erzeugnisse, die Verfahren und die Rezepte – ist eine lebendige Disziplin, die im Laufe der Zeit ständige Veränderungen erfährt und sich weiterentwickelt.

Viel mehr als nur Paella

Niemand stellt das in Zweifel: Der von den Arabern eingeführte Reis hat sich zur bedeutendsten Zutat der valencianischen Gastronomie entwickelt. Alles deutet darauf hin, dass die Mauren den Reis nicht im großen Umfang anbauten. Um den Reis verzehren zu können, wuschen sie ihn siebenmal mit heißem Wasser und kochten ihn dann in Milch oder stellten mit ihm eine Art Brot her, der ferner Fench, Hirse, Saubohnen, Linsen und Bohnen enthielt.

Die Paella-Pfanne, jene geniale Erfindung aus Mitte des 18. Jahrhunderts, um die Zubereitung von Reisgerichten auf dem Feld für viele Personen zu ermöglichen, gab dem internationalsten Rezept der spanischen Küche seinen Namen. In den sechziger Jahren wurde die Paella zum unbestrittenen Wahrzeichen des aufstrebenden Spaniens, das mit dem Logo *„Spain is different“* die Urlauber mit offenen Armen empfing.

Oben: Korb mit Artischocken in Benicarló.
Unten: ausgestellte Paella-Pfannen in einem örtlichen Eisenwarengeschäft.

Als Thema von Konferenzen, Debatten und Tagungen hat sich die Paella zum großen Totem und Tabu der valencianischen Gastronomie entwickelt. Eine tyrannische Dominanz, die hin und wieder so viel Freude wie Verdruss bereitet. Hier wird gerne gesagt, dass es leicht sei, wegen einer dummen Diskussion über zwingende Zutaten der Paella einen Freund zu verlieren. Der Kritiker Antonio Vergara ist der Auffassung, dass „es mehr Diskussionen über die Paella gibt, als dass sie gegessen wird".

Es ging sogar so weit, dass eine so abwechslungsreiche und wohlschmeckende Küche wie die der Valencianischen Gemeinschaft vom mitreißenden Protagonismus der Paella jahrelang „kannibalisiert" wurde. Vergara löste im Volk eine große Diskussion aus, als er im Jahr 1980 einen Artikel mit dem Titel „*La paella asesina*" („Die mörderische Paella") veröffentlichte, in dem er die Meinung vertrat, dass das Oligopol der Paella andere Zubereitungen verdrängte. Im Laufe der Jahre – und durch eine merkliche Öffentlichkeitsarbeit – haben nun auch viele andere traditionelle Reisgerichte und Rezepte eine gebührende Beachtung auf den Speisekarten renommierter Restaurants und bei den Feinschmeckern gefunden.

Die Paella - Ikone der valencianischen Küche.

Von Landkreis zu Landkreis – von Gericht zu Gericht

Der enorme Reichtum an Erzeugnissen und Rezepten der Valencianischen Gemeinschaft spiegelt sich im umfangreichen kulinarischen Kulturgut ihrer Gemeinden wider. Wir möchten hier einen kleinen Überblick über die verschiedenen Landküchen der Provinzen Castellón, Valencia und Alicante geben.

Wir beginnen mit unserer Reise im **Norden von Castellón**, in der wunderschönen Bergregion Els Ports. Diese Gegend ist bezeichnend für ihre deftigen Gerichte der bergischen Küche, wie Morella-Suppe, Flan-Suppe, Weihnachts-Fleischkloß, *tombet*-Lamm, *ollas* und *potajes* (Eintöpfe und Schmorgerichte), Fladenbrote *recapte* und *coca amb xulla* (mit Wurst), Morella-Kroketten, getrüffeltes Huhn, Rebhuhn in Marinade oder Kaninchen mit Bergschnecken (*vaquetes*). Unter den Süßspeisen sind die *rosegons*, *mostachones*, *arrop i tallaetes*, das Süßbrot mit Feigen und selbstverständlich die *flaons* aus Morella besonders erwähnenswert.

Der **Baix Maestrat** oder Bajo Maestrazgo ist aufgrund seiner attraktiven, bedeutenden Feriengebiete Peñíscola, Benicarló, Alcossebre und Vinaròs zweifelsohne einer der meistbesuchten Landkreise in Castellón. Alle Meeresprodukte, vor allem die Langustinen aus Vinaròs, sind mit Rezepten wie dem *suquet* mit Fisch oder dem *all i pebre* mit Seeteufel die Protagonisten einer köstlichen und abwechslungsreichen Fisch- und Meeresfrüchteküche. Landeinwärts wird die Küche deftiger. Typische Gerichte sind Lamm vom Grill, Reis mit Schnecken, *olleta* Sant Mateu, Reis aus dem Ofen, Mandelsuppe und die Wurstspezialitäten aus der Schweineschlachtung. Und die Süßspeisen: Schnapsröllchen, *pastissets*, Krapfen, *rosques*, *prims*, Baiser (suspiros, dt. Seufzer) und Mandelgebäck.

Ebenso in den Dörfern im **Alt Maestrat** oder Alto Maestrazgo ist die Küche kraftvoll. Schmorgerichte, Lamm, *tombet*, Fleisch vom Grill mit Allioli, Kaninchen mit Reizkernsauce, „Tennen-Fleisch" - das in der Dreschzeit zubereitet wurde -, Wurst- und Schinkensorten sind hier die Spezialitäten. Im Kapitel über Süßspeisen gibt es *cuajadas* (eine Art Frischkäse), Röllchen, *cocs amb mel* (Honiggebäck), Kürbisteilchen, Schmalzgebäck, Mandelflans und *coca celestial* („Himmelskuchen").

Im **Alcalatén** müssen unbedingt der köstliche *tombet* mit Kaninchen und Kartoffeln und als Beilage Bergschnecken (*vaquetes*), *olla amb pilotes* (Fleischklößen), der Reis in Brühe mit Hähnchen und Kaninchen, die Paella mit Fleischbällchen, *olla de cardets* (Disteleintopf),

Berglandschaft im Landkreis Alto Maestrazgo, wo der kulinarische Reichtum und die Backspezialitäten die Treue zur Tradition bewahren.

die Wurstspezialitäten und der Schinken probiert werden. Und als Dessert: *Orelletes* (frittiertes Gebäck), Quittenkuchen, *mostillo* (Traubensaftdessert), *mostachones* (Gebäck), Biskuitrolle, Aniskringel und vieles mehr.

In **Plana Alta** ist neben schwarzem Reis, *arrossejat*, Reis in Brühe, Reis aus dem Ofen und der Nudelpfanne *fideuà* die Paella das Gericht par excellence. Alle Spezialitäten, die den reich vorhandenen frischen Fisch, der im Hafen von Grao ankommt, als Grundzutat haben, erfreuen sich großer Beliebtheit.

Eine kurze Pause während der Kirschernte in der Nähe von La Salzadella.

Die *cocas*, vor allem die *coca malfeta* und die von Castellón, bei der statt Mehl Kartoffel verwendet wird, sind bekannte Kuchen. In den achtziger Jahren hat ein Konditor aus Oropesa die *oropesinas*, kleines Mandelgebäck, kreiert, das heute äußerst begehrt ist. Weitere Süßspeisen sind *rosegons, cristines,* Süßkartoffelkuchen, *descàrregues*, Mandelkuchen und *pilotes de frare* (wörtlich Mönchskugeln).

Zu den Spezialitäten von **Plana Baixa** zählen vor allem Reis *marjalero* aus Burriana, *suquet* mit Fische, *empedrao*, Paella bergischer Art, *xulla* und Kürbiseintopf. Bei den Süßspeisen gibt es die Röllchen Sant Blai, den Pasqualet, Mandelkuchen, die *coca malfeta (wörtlich der schlecht gemachte Kuchen), manjòvenes*, das Dessert von San Pascual und die *pilotes de frare*.

Im Landkreis **Alt Millars** oder Alto Mijares haben die Würste der Schweinschlachtung, *gachas* (Breie), *olla* mit Distel, *olla de pueblo*, Wildschwein in Sauce, Lamm nach *Pepitoria*-Art und die Gerichte mit Reizkern (die hier *rebollones* genannt werden) aus Montanejos einen hohen Stellenwert. Im Kapitel der Süßspeisen gibt es gebrannte Mandeln, Feigenbrot, Feigenkrapfen, Kartoffel- und Blätterteigkuchen mit Chantilly und Walnüsse im Zuckermantel.

In **Viver**, im Alto Palancia, wird der Osterreis mit Kabeljau und weißen Bohnen zubereitet. In Segorbe sind der Segorbe-Eintopf, der Reis *empedrao* und die Wurstspezialitäten wie auch die Gerichte mit Kabeljau, wie der *ajoaceite de palo*, äußerst beliebt. Weitere regionale Spezialitäten sind Forelle

mit Mandeln, Arme-Leute-Kartoffeln, Reis mit Blumenkohl und Rippchen und die noch handwerklich hergestellten Wurstspezialitäten. Hier wird natürlich noch mit Olivenöl gekocht, das aus der Sierra de Espadán kommt, wo das Olivenöl mit der einheimischen Serrana-Olivensorte gewonnen wird. Und die Süßspeisen: *cocotes* (Baiserkuchen), *mantecados* (Schmalzgebäck), *suspiros* (Baiser), *orelletes* (frittiertes Gebäck), *tortas de novios* („Hochzeitstorten"), *tortas cristinas* und *torrijas* (Arme Ritter).

Die Schönheit der farbenfroh blühenden Mandelbäume, die die ersten Vorboten des Frühlings sind, beleben die Felder im Winter.

Bereits in der Provinz von Valencia, im **Camp de Morvedre**, sind die vielen unterschiedlichen Zubereitungen mit Reis als Grundzutat zu erwähnen: Paella, *arròs negre* (schwarzer Reis), *olla de fesols i naps* (Reistopf mit Bohnen und Rüben), *empedrat*, Kichererbsen-Ragout und Fleischeintopf. Wurstspezialitäten von hoher Qualität werden hergestellt und die Kirschen aus Serra genießen ein hohes Ansehen. Typische Backspezialitäten sind die *orelletes* mit Honig und die *coca en llanda*.

Die valencianische Regionalküche spiegelt eine tiefe Zuneigung zu den Dingen vom Feld und zu den besten Zutaten aus dem Garten wider.

9

Die valencianischen Weine sind ein perfektes Spiegelbild des Landes, wo sie entstehen, und des Charakters der Landsleute.

Die *peladillas* (Mandeln mit Zuckerglasur) und die *turrones* (Nougatkonfekt) aus Casinos werden handwerklich hergestellt.

Im **Camp de Túria** haben die unterschiedlichsten Reisgericht-Varianten Tradition: Paella mit Hähnchen und Kaninchen, mit Kohl und Rippchen, *arròs amb fesols i naps* (Reis mit Bohnen und Rüben) und *arròs amb bledes* (mit Mangold). *Caragolà* (Schnecken in pikanter Sauce), Süßkartoffelkuchen, *congrets* (Teilchen), *panquemados* (Kuchen) und *orelletes* (frittiertes Gebäck) sind ebenfalls typisch.

Die **Serrania del Turia** (Los Serranos) ist einer der gebirgigsten und rausten Landkreise der gesamten Valencianischen Gemeinschaft. Seine deftige Küche wartet mit *olla churra*, *olla* mit Distelstangen (beides Eintöpfe), Breie, *migas* (einfaches Brotgericht) und *gazpacho serrano* auf.

Im Landstrich **Ademuz**, eine wahrhaftige „Exklave" der Valencianischen Gemeinschaft, finden wir typische Speisen der Gebirgsregion: den mit Mais zubereiteten Brei (*gachas*), Eintöpfe, Saat-Platterbsengerichte, Reis *empedrado*, Schmorgerichte und die *olla de pueblo*. Einen wohlverdienten guten Ruf haben seine Tomaten und seine einheimischen Apfelsorten.

In **L'Horta** sollten neben den traditionellen Paellas die Paella *fetge de bou* (mit Kichererbsen, Chicorée und Rinderleber), die Paella Gärtnerinnenart, der Reis mit Kabeljau und der *rossejat* mit *morcillas*, *blanquets*, *garreta*, Schweinsfüßen und Fleischklöße unbedingt probiert werden.

Das berühmteste Fest des Landkreises **La Hoya de Buñol-Chiva** ist die Tomatina, die jedes Jahr am Mittwoch der letzten Augustwoche stattfindet und bei der man sich einer ausgelassenen Straßenschlacht mit Tomaten als Wurfgeschoss hingibt. Zu den bedeutendsten Gerichten dieser Gegend zählen die *tortas de tajà* (belegtes Fladenbrot), der *mojete de bacalao* (Kabeljausalat), der Kräutertopf, der Disteltopf, die *migas* (Brotgericht), die *gachamiga* (Mehlgericht) und der *rin ran* mit Kabeljau.

In **Utiel-Requena** sollten unbedingt die *gazpachos*, die *gachas*, die *gachamiga*, der *ajoarriero* (Kartoffel-Kabeljau-Püree), der *morteruelo* (Ragout), die Schmorgerichte und Eintöpfe pro-

biert werden. Der *alajú* ist eine ganz besondere Süßspeise arabischer Herkunft, die, mit Mandeln und Honig zubereitet, in Cuenca sehr begehrt ist.

Die Reisgerichte sind das Herzstück der Gastronomie von **La Ribera Baixa**. Sueca ist der erste Reisproduzent Spaniens. Neben Paella, Reis aus dem Ofen, Reis in Brühe, schwarzer Reis und *arròs a banda* sind *all i pebre* mit Aalen und *espardenyà* – ähnlich wie *all i* pebre, allerdings mit Hähnchen, Ente oder Kaninchen – sehr beliebt. Typische Süßspeisen sind *coques fines i de carabassa* (Feingebäck), *pastissets de Nadal* (Weihnachtsküchlein), Röllchen Sant Blai und der *Arnadí*.

Panoramablick auf die Ortschaft Tuéjar, im bergigen Landkreis der Serranos, Land der warmen Gazpachos, Eintöpfe und Schmorgerichte.

In **La Ribera Alta** sollte die von der Sumpflandschaft geprägte Küche mit ihrer Vielfalt an Reisgerichten, dem *all i pebre* mit Aal und dem *espardenyà* gekostet werden. Typische Süßspeisen sind *pastissets* mit Süßkartoffeln, *panquemaos* aus Alberic und *fogasses*.

In **Canal de Navarrés** sind *gazpacho*, *mojete arriero* und *bullio* sowie die mit Kräutern der Sierra aromatisierten Reisgerichte begehrt. Typisches Gebäck sind Süßkartoffelkuchen, *torticas*,

bizcochás, *hogasas*, Anisröllchen und *mona de Pascua* (Osterkuchen).

Diese Gegend wartet mit ausgezeichnetem Olivenöl, dem Frischkäse Bolbaite und den handwerklich hergestellten Wurstspezialitäten auf.

In **Valle de Ayora-Cofrentes** spielen Schmorgerichte und Eintöpfe in allen Varianten, wie *gazpachos de monte*, *ollas*, *potajillos*, *morteruelo*, *calducho* und auch *ajetao*, *ajotonto*, *trigo picao* und *gachamigas* eine große Rolle. Typische Süßspeisen sind *grullos*, *aguamiel* und *almendrados* (Gebäck). Der Honig aus Jalance ist ein unbedingtes Muss.

In **La Safor** sollte man sich keinesfalls die *Fideuà de Gandía* (Nudelpfanne) und die große Auswahl an Reisgerichten entgehen lassen.

Die Orangen aus La Safor genießen einen wohlverdienten guten Ruf. Rechts: Markttag in Oliva.

Ebenfalls typisch sind die *figatells*, *coques farcides*, *coques a la calfó*, *pebreres farcides*, Garnelen *amb bleda* (mit Mangold), *coques de dacsa* und die *pastissos*.

Die Reisgerichte (aus dem Ofen, in Brühe, Paella…), die *pericana* und die *coca* aus dem Ofen mit Wurstspezialitäten und Pilzen sind ein wichtiger Bestandteil der Regionalküche von **Vall d'Albaida**. Typische Nachspeisen sind *pastissets* mit Süßkartoffeln und Eigelbkonfekt mit Zuckerguss.

Der Eintopf aus dem Ofen ist wohl das typischste Gericht von **La Costera**. Ebenso bedeutend sind die Paella, der *arròs amb fesols i naps* (mit weißen Bohnen und Rüben), der Reis in Brühe mit Mangold und Kichererbsen, der Eintopf mit Hülsenfrüchten, das valencianische Oster-Schmorgericht und die *gachamiga* aus La Font de Figuera. Zu den Süßspeisen zählen der arnadí, die *almoixàvena*, die *bones taronges* (die guten Orangen) aus Xàtiva (mit Käse ohne Salz, Eiern und Mehl), der *marqués*, der *pastel de nevasa*, die *coca en llanda*, die Süßkartoffelküchlein und die *sequillos*. Die Gegend bringt ausgezeichnetes Olivenöl mit den Olivensorten Manzanilla, Alfafara und Blanqueta hervor.

In der Provinz von **Alicante** beginnen wir mit unserer gastronomischen Reise in La Marina Alta. Die Regionalküche wartet mit variationsreichen, originellen Reisgerichten (Reis mit Gerste und Fisch, Reis mit Kabeljau, aus dem Ofen, mit Distelstangen usw.), *borreta* mit Fregattenmakrele, *mullador de pelleta*, Krakeneintopf, *llanda* aus Calpe, *llandeta* aus Dénia, *cassolada* mit Meeresfrüchten,

CONFITERIA
El Tunel

PIMENTON
PICANTE
13'00
1'30
PIMENTON AHUMADO DE LA VERA
15'00
1'50
PIMENTON
DULCE
"ESPECIALISIMO"
15'00
1'50
Curry
Curcuma

figatells und *guisado de bull* (mit Thunfischmägen) auf. Zu den Desserts zählen unter anderem süße *cocas* in vielen Varianten, Kuchen, Biskuits, *arrop i tallaetes* und Süßkartoffelkuchen.

Die **Marina Baixa** gehört zu den beliebtesten Urlaubszielen an der Costa Blanca. Typische regionale Spezialitäten sind der Weizeneintopf, der Eintopf mit Maisklöße, der Fischtopf, die *suquets*, die *llandetas*, die *borreta*, die *pebrereta talladeta*, der *espencat,* der *bullit*, der *cru de bacalao*, die gefüllten *cocas* (*farcides*) und die *minxos*. Zu den Desserts zählen die *coca boba*, die Kringel aus Sant Blai de Tàrbena, die Teilchen aus Sant Blai de Benidorm, die *coca bizcochada*, die *borreguets*, die *sequillos* und die Kekse aus Benimantell.

Im Nordwesten der Provinz, in Comptat oder **Condado de Cocentaina,** werden köstliche deftige Gerichte wie Eintöpfe, Kaninchen mit Knoblauch, Schmorgerichte, diverse *cocas*, *fassedures de dacsa* (Maisklöße), die *pericana*, die *borreta* und der *blat picat* aufgetischt. Und als Dessert: *crelletes*, frittierte Feigen, *rollets*, *carcanyols* und *sequillos*. In dieser Gegend werden sehr beliebte Liköre wie der Herbero und der Café Licor hergestellt, der im Sommer als „La Mentira" mit Zitronen-Granita und gebranntem Zucker serviert wird.

L'Alcoià oder Hoya de Alcoy ist eine bergige Region landeinwärts. Traditionelle Gerichte sind: u.a. *olleta de músicos* („Musikertopf"), *olla de notari* („Notartopf"), *cocas* mit Mehl und Tomate, *borreta*, *pericana*, *espardenyes* (panierte Sardinen), Sardellenkroketten (*aladroc*), Reis *sabater* (des Schuhmachers, mit Gemüse), *figatells* und *mullador* mit Kaninchen.

Das Hauptmerkmal der valencianischen Küche ist ihre enorme Vielfalt, Spiegelbild der abwechslungsreichen Landschaft Valencias.

Die *peladillas* (Mandeln mit Zuckerguss) sind typisch für Alcoy. Typische süße Leckereien dieser Gegend sind außerdem noch gebrannte Walnüsse, Nougatkonfekt, *pastelitos de gloria*, geröstete süße Pinienkerne und Schnapskringel.

L'Alacantí oder Campo de Alicante ist der Landkreis, der die Gemeinden um die Hauptstadt und die kleine Insel Tabarca umfasst. Die bekanntesten Gerichte seiner variantenreiche Küche sind der *espencat, borretas* mit Kabeljau, *cocas* mit Sardinen und Zwiebeln, eingesalzene Spezialitäten, *fideuà campellera* (Nudelpfanne), *giraboix* (mit Kabeljau), *olla torruana*, *gazpacho* mit Ñora-Paprikas und diverse Reisgerichte. Zu den Desserts zählen *Xixona-Turrones* und –Eis, Mandel-Madeleines, der *pà beneït* („gesegnetes Brot") aus Torremanzanas und die Windbeutel.

L'Alt Vinalopó. Typische Gerichte: u.a. Eintöpfe, *gachamigas*, *gazpacho salinero*, *gazpacho manchego*, Reis mit Kaninchen und Schnecken, Schmorgerichte, *olleta del camp*, gefüllte Fleischklöße, *borreta* mit Kabeljau, Reis in Brühe und Reistopf. Desserts: *coquetes*, Mandelgebäck, *mantecaos*, Kringel, *tortà* und Süßkartoffelküchlein.

El Vinalopó Mitjà. Typische Gerichte: u.a. *borreta*, *gazpachos de torta*, *fassedures*, *caldo al cielo* (Suppe mit Kartoffeln, Kabeljau, Eiern und Tomaten), *giraboix*, *moje noveldero*, *tortas monfortinas* mit Sardinen und *bollitori* mit Kabeljau.

Desserts: *sequillos*, *toñas*, Madeleines, *perusas*, *coca boba*, „Liebeskringel", Kuchen, Schmalzgebäck, *rajadillos*, *suspiros* (Baiser), *monjávenas* und Schnapskringel

El Baix Vinalopó. Typische Gerichte: Reis mit Kruste, Reis mit Kaldaunen, *putxero amb tarongetes* (Eintopf mit Fleischklößen), *gazpacho* mit Zackenbarsch, *blanquillo* mit Seeteufel, Fischtopf, *gacha-miga*, *pipes i carasses* (Kabeljau mit Ñora-Paprikas), Meeräsche der Laguna del Hondo, *cocas*, *pà torrat* (typisch zu Ostern) Desserts: *tortà* aus Elche, *pamfígol*, Datteln und Dulces de Crevillent

Der **Baix Segura** oder Vega Baja del Segura ist der südlichste Landkreis von Alicante, an der Grenze zu Murcia. Typische Gerichte dieser Gegend sind Artischockensalat, Reis mit Kruste, Reis mit drei „puñaos", *arroz del burro*, *bacalao meneao*, *sopa de agramaor*, *gachas* (Brei) mit Obstmus, *gachamigas* mit Kartoffeln, geschmorte Kaldaunen, Mohrenguan-Schmorgericht und *hormigones*. Und die Süßspeisen sind *almojábenas*, *torta boba*, Kürbiskuchen mit Honig, Mandelgebäck, *mantecás* (Schmalzgebäck), *tortas escaldadas* und *pasteles de gloria*.

Der mediterrane Charakter durchtränkt die Gastronomie der Valencianischen Gemeinschaft. Schöne Ausblicke auf die malerische Insel Tabarca.

Der Reis und die Jahreszeiten

Reis wurde vor rund 15.000 Jahren in Südostasien, Indien und China domestiziert. Die Griechen brachten den Reis in den Mittelmeerraum und die Araber führten den Reisanbau in Spanien ein; alte Dokumente belegen, dass bereits im 8. Jahrhundert in Sueca Reis angebaut wurde. In den ersten bekannten Rezeptsammlungen des Mittelalters, *„El llibre del Sent Soví“* und *„El Llibre del Coch“*, sind zum ersten Mal Rezepte mit Reis aufgeschrieben worden, der ursprünglich mit Mandelreis gekocht und als Nachspeise verzehrt wurde.

Reis (*Oryza sativa*) ist eine Graspflanze, deren Anbau sich auf Regionen mit einem milden Klima und sumpfigen und überfluteten Geländen, wie Deltamündungen von Flüssen, sumpfigem Küstenland oder Feuchtgebieten, beschränkt. In der Valencianischen Gemeinschaft erstreckt sich der Reisanbau über die Randgebiete der Albufera. In den Gemeinden Sueca, Sollana, Cullera und Silla werden ungefähr drei Viertel der gesamten Reisproduktion der Region angebaut.

Im Jahr 1997 wurde die Ursprungsbezeichnung „Arroz de Valencia“ beantragt, die seit 2000 genehmigt ist und die die Herkunft und die Qualität des in den Schutzgebieten angebauten Reises gewährleistet. Die Marken mit dieser Ursprungsbezeichnung lassen sich im Laden durch das nummerierte Kontrolletikett mit dem Siegel erkennen.

Die Ursprungsbezeichnung „Arroz de Valencia“ schützt ausschließlich den als Extra eingestuften Reis der folgenden drei Reissorten: Bahía, Sénia und Bomba, die sich den Verhältnissen der valencianischen Albufera perfekt angepasst haben. Diese drei Reissorten kommen ursprünglich aus Japan und eignen sich ausgezeichnet für Reisgerichte, da ihr Korn den ganzen Geschmack der Brühe aufnimmt.

Einem Zeitplan landwirtschaftlicher Prozesse folgend verwandeln die Tätigkeiten in Verbindung

Die Farbe der Reisfelder verändert sich im Rhythmus der Jahreszeiten.

mit dem Jahreszyklus des Reisanbaus die Landschaft der Albufera. Im Januar werden die Reisfelder überflutet, um den Boden zu entsalzen, und Ende dieses Monats beginnen die mit Spezialrädern ausgestatteten Traktoren mit dem *fangueo* (*fanguejat*). Bei diesem Vorgang wird der noch leicht mit Wasser überschwemmte Boden tief durchpflügt und vorbereitet.

Gegen Ende April werden die Felder allmählich trocken und der Boden kann geplättet und gepflügt werden.

Nach diesen Vorgängen werden die Felder erneut nach und nach überflutet. Im Mai wird der Reis gesät. Heutzutage wird das Umpflanzen von *guaixos* bzw. Setzlingen von den *planters* (Pflanzfeldern) kaum noch durchgeführt, da es sich um eine kostenintensive manuelle Arbeit handelt. Die am meisten verbreitete Aussaatmethode besteht darin, mit Hilfe eines Apparates in Form eines Trichters, der am Traktor angebracht ist, die Saat auszustreuen.

Gegen Juni sieht man die ersten Jungpflanzen sprießen und das Wasser der Reisfelder nimmt eine grünliche Farbe an. Im Juli ist der Reis bereits beachtlich gewachsen und die Landwirte senken den Wasserspiegel auf den Feldern, um das Unkraut behandeln zu können. Dieser Vorgang wird *eixugó* bezeichnet. Im August, bei der Reifung der Reisähren, verwandelt sich das Sumpfgebiet in eine goldgelbe Landschaft.

In den Monaten September und Oktober lässt man die Felder trocknen und die Ernte beginnt. Früher erfolgte die Ernte per Hand mit einer Sichel. Die Reishalme wurden zu Garben (*garbas*) gebunden und anschließend auf der Tenne gedroschen, um die Reiskörner aus den Ähren zu lösen. Heute sind es moderne Maschinen, die den Reis zugleich ernten und dreschen. Dann wird der Reis zu den Agrargenossenschaften transportiert.

Der Reis wird in Industrietrockenmaschinen getrocknet, damit er die noch enthaltene Feuchtigkeit verliert. Danach erfolgen der Schälvorgang – die Spelzen des Reiskorns werden entfernt – und

Oben: Ausschnitt von reifen Reisähren.
Rechts: Blick auf die gefluteten Reisfelder

der Poliervorgang, bei dem die Oberfläche der Reiskörner mit einem porösen Stein in der Reismühle geschliffen wird, wodurch der Korn seine weiße Farbe und eine größere Aufnahmefähigkeit erhält. Im letzten Schritt erfolgt die Auslese, in der Bruchreis und kleine Körner aussortiert werden, um die verschiedenen Qualitäten zu erhalten.

Nach der Ernte wird das Stroh verbrannt, bevor die Regenfälle im Herbst beginnen. Im Volksmund heißt es: „Der Reis wird in Wasser gepflanzt, wächst in Wasser und wird in Wasser gekocht". In den Monaten November und Dezember werden die Felder wieder überflutet und der Zyklus beginnt aufs Neue.

Tausendundein Reisgerichte

Die valencianische Sammlung an Reisrezepten ist weltweit einzigartig. Hunderte, ja Tausende von Gerichten mit unterschiedlichen Zutaten und Zubereitungsarten bringen eine außergewöhnliche einheimische Küche hervor, in der Gartengemüse und die überaus bunte Parade an Zutaten aus dem Meer, aus den Bergen und vom Hof die Protagonisten sind.

Die Töpfe, die für die Reiszubereitung verwendet werden, sind für das Endergebnis des Gerichts ausschlaggebend. So sind die flachen Tontöpfe ideal für die im Ofen gebackenen Reisgerichte, eine sehr alte Spezialität, die traditionell im Brotofen zubereitet wurde, um das Essen fertig zu haben und warm zu halten, bis die Bauern ihre Arbeit niederlegten und vom Feld kamen. Wenn gerade mal die zum Garen benötigte Menge an Brühe zugegeben wird, erreicht man, dass der Reis warm bleibt, ohne dabei zu übergaren. Das trifft nicht für die Zubereitung von Reis in Brühe und in hohen Töpfen zu. Bei diesen traditionell verwendeten Tongefäßen muss der Reis

sofort verzehrt werden, denn die Wärme, die diese Gefäße speichern, würde ansonsten ein Übergaren der Reiskörner verursachen.

Die hohen, runden Eisentöpfe eignen sich ausgezeichnet für die Zubereitung von Reis in Brühe. Sie wurden ursprünglich auf den Schiffen verwendet, um das Essen der Seeleute zuzubereiten. Durch die hohen Wände wurde vermieden, dass das Kochwasser der Fische, in dem anschließend der Reis gegart wurde, durch das Auf und Ab der Wellen verschüttet wurde. Diese charakteristischen Eisentöpfe sind auch heute noch in vielen Dörfern für die Zubereitung von Eintöpfen, *olletes* und Reis in Brühe unersetzlich.

Wenn es um valencianische Reisgerichte geht, nimmt die Paella stets einen Sonderplatz ein. Daher widmen wir uns ihr in den folgenden Seiten.

Links und oben: das hundertjährige Reisrestaurant La Pepica an der Playa de la Malvarosa.
Rechts: die Vielfalt der Reisgerichte

Die Paella – Schritt für Schritt

1

2

1, 2 und 3 Mit Holz ein Feuer mit gleichmäßiger Glut vorbereiten, so dass immer wieder kleine Zweige nachgelegt werden können, um nach Geschmack des Paellakochs die Intensität der Flammen zu variieren. Die Paellapfanne ist speziell dafür ausgelegt, die Hitze des Feuers so schnell wie möglich zu übertragen, um ein rasches Verdunsten der Brühe und ein gleichmäßiges Garen zu erlangen, was noch durch eine besonders dünne Reisschicht begünstigt wird. Daher werden große Paellapfannen verwendet, wenn die Paella für viele Tischgäste zubereitet wird. Wenn es keine Möglichkeit gibt, die Paella auf einem Holzfeuer zu kochen, sollte ein Diffusor verwendet werden, damit der Reis gleichmäßig gart. Das Olivenöl mit den Knoblauchzehen erhitzen, um es zu aromatisieren, und das gesamte Fleisch goldbraun anbraten.

3

4

5

6

4 Das angebratene Fleisch anschließend zum Rand der Paellapfanne schieben. In der Mitte die in Stücke geschnittenen grünen Bohnen und die enthäuteten, gehackten Tomaten anbraten.

5 Die Safranfäden und die frischen Bohnen zugeben. Nach Belieben mit etwas Paprika würzen, salzen und pfeffern und gut umrühren.

6 Die nötige Wassermenge zugießen (man rechnet für den Reis die doppelte Wassermenge) und abmessen, indem ein Stab oder Holzlöffel hineingehalten wird. Die Markierung vom Wasser am Stiel zeigt die benötigte Menge an Brühe an. Dann mehr Wasser zugießen und durch Nachlegen einiger Zweige die Intensität der Flammen erhöhen.

7

8

789

9

7 Die Brühe 30 Minuten bei mittlerer bis starker Hitze kochen lassen, bis sie sich bis zur Markierung am Stab oder Holzlöffel eingekocht hat. Die genaue Menge an Brühe auf diese Weise abzumessen, ist äußerst praktisch. Allerdings, die erfahrenen Paellaköche brauchen das nicht: Mit Hilfe der Nieten von den Griffen an der Paellapfanne wissen sie genau, wie viel Brühe sie benötigen.

8 und 9 Den Reis zugeben und in den ersten 10 Minuten bei mittlerer Hitze garen. Dann die Intensität des Feuers reduzieren und weitere 8 Minuten köcheln lassen.

10 Die Paella vom Feuer nehmen und vor dem Servieren einige Minuten ruhen lassen. Wer möchte, kann die Paella ohne Teller direkt aus der Pfanne mit einem Löffel essen.

10

Zitrusfrüchte:
Orangen, Zitronen und Mandarinen

Obwohl heute von sehr geringer wirtschaftlicher Bedeutung war die Zitronatzitrone in Wirklichkeit die erste Zitruspflanze, die nach Europa kam. Die aus Südwestasien stammende Zitronatzitrone (*Citrus medica)* fand auf den Reisen von Alexander dem Großen ihren Weg nach Europa. In Rom wurde sie bereits im 3. Jahrhundert n. Chr. gepflanzt und ein erster Anbau in unserem Land erfolgte ungefähr im beginnenden 7. Jahrhundert. Die Zitronatzitrone blühte mehrmals im Jahr und hatte somit fast immer Blüten und Früchte am Baum.

Im Jahr 714 kamen die Mauren in die Provinz Castellón. Damit begann ein neuer Zeitabschnitt für die regionale Landwirtschaft, die durch eine Neuverteilung der Großgrundbesitze, die Einführung neuer Pflanzenarten wie der Bitterorange (*Citrus aurantium*) oder der Pampelmuse bzw. *Citrus maxima* und die Verbesserung der Anbauverfahren geprägt wurde: u.a. Vermehrung der Saat auf Pflanzfeldern, der Baumschnitt, das Düngen und das Auslichten. Ebenso führten die Mauren durch den Bau von Kanälen, Entwässerungsgräben, Schöpfrädern und Sammelbecken neue und effiziente Bewässerungssysteme ein. Die Zitronatzitrone und die Echte Limette (*Citrus aurantifolia*) waren die am meisten verwendeten Zitrusfrüchte in der gehobenen maurischen Küche. Die Bitterorange hatte eine ornamentale Funktion. Allerdings durfte der zarte Orangeblütenduft in den schönsten Gärten und Moscheen nicht fehlen. Mit dem Orangenblütenwasser wurden Parfüms hergestellt sowie Süßspeisen und erfrischende Getränke aromatisiert. Der Zitronenbaum (*Citrus limon*) gelangte in der zweiten Hälfte des 11. Jahrhunderts auf die iberische Halbinsel.

Eine der ältesten Berichte über den Anbau von Zitruspflanzen in der Valencianischen Gemein-

Links: saftige valencianische Orangen.
Rechts: Mandarinen kurz vor der Ernte.

schaft wurde im „*Regiment de la Cosa Pública*" von Francesc Eiximenis (1340 - 1409) niedergeschrieben, wo der Franziskaner die Schönheit der Orangen- und Zitronengärten der östlichen Regionen pries.

So überraschend es uns klingen mag: Die süße Orange (*Citrus sinensis*), ursprünglich aus den südöstlichen Regionen Chinas stammend, hatte bis zum 16. Jahrhundert für den Handel im Mittelmeerraum kaum Bedeutung. Der Portugiese Vasco da Gama brachte zwei Jahre nach seiner Reise nach China im Jahr 1518 neue Varianten der süßen Orange nach Europa. Seit jener Zeit wurden sie aufgrund ihrer exotischen Herkunft im Volksmund auch *Orangen aus China* genannt.

Oben: verschiedene Arbeiten bei der Mandarinenernte.
Links: Zweig eines Zitronenbaums.

Die Akklimatisierung der süßen Orange an die warmen Mittelmeerländer war spektakulär: Gegen Ende des 18. Jahrhunderts wurden zum ersten Mal für den Handel Orangenbäume im östlichen Spanien angebaut, wo sie sich bald zu den beliebtesten Obstbäumen der gastronomischen Landschaft entwickelten. So berichtete der Geistliche Antoni Josep Cavanilles in seinen „*Observaciones sobre la historia, geografía, agricultura, población y frutos del Reyno de Valencia*" (1797) [Beobachtungen zu Geschichte, Geografie, Landwirtschaft, Bevölkerung und Früchte des Königreichs von Valencia], dass im Jahr 1781 die ersten süßen Orangen für den Handel in Bassa del Rei, Bezirk von Carcaixent, angebaut wurden und zwar auf Initiative von einem Priester, Pater Vicente Monzó, zusammen mit zwei Freunden, dem Botaniker Jacinto Bodí und dem Schreiber Carlos Maseres. Einige Jahrzehnte später erfolgte der Anbau in der Ebene von Castellón.

Die allmähliche Zunahme der Orangenproduktion ab 1880 lag größtenteils an den landwirt-

Moment bei der Ernte von Zitrusfrüchten.

schaftlichen Investitionen des valencianischen Bürgertums, dem Einsatz der Dampfmaschine für die Grundwasserförderung und der Verbesserung der Verkehrswege, in erster Linie Häfen und Eisenbahnlinien, was sich auf die Vermarktung der Zitrusfrüchte enorm günstig auswirkte. Der Orangenanbau erstreckte sich über den gesamten Küstenstreifen vom Golf von Valencia, über die Ebene von Castellón bis hin nach Safor, vor allem auf Trockenfeldern, die durch die historischen Bewässerungsgräben oder den Sümpfen und den höchsten Vorbergen im Westen abgegrenzt wurden.

Die Tradition des Zitrusfrüchteanbaus in der Valencianischen Gemeinschaft genießt in der ganzen Welt einen guten Ruf und ein hohes Ansehen.

Dank der Errichtung von Brunnen und dem Einsatz von Schöpfrädern und Dampfmaschinen konnten nun die ehemaligen Trockenfelder bewässert werden.

Die sukzessiven Krisen bei anderen Kulturpflanzen wie Getreide, Maulbeeren und insbesondere Weintrauben begünstigten die Ausdehnung des Orangenanbaus in der Region. Die Exporte in die europäischen Länder nahmen enorm zu, bis sie mit Beginn des 1. Weltkriegs einbrachen. Nach dem Krieg und dank der Verbesserungen im Transportwesen erlebte die Branche erneut einen kräftigen Aufschwung. Nach dem Spanischen Bürgerkrieg und dem 2. Weltkrieg gab es nochmals schwierige Jahre. Die Branche schaffte es erst in den 1950er und 1960er Jahren die Produktionszahlen ansteigen zu lassen.

Das Jahr 1968 wird durch die Verbreitung der Tristeza-Krankheit, die über eine Million Obstbäume befiehl, in Erinnerung bleiben. Ab den 1970 erJahren wurden zahlreiche Orangenbäume durch verschiedene Mandarinensorten (Mandarine, Satsuma und Klementine) ausgetauscht.

Der Eintritt in die Europäische Union bedeutete einen Schub vor allem für die Stabilität der Exporte. Im Jahr 1999 wurde der Kontrollrat für die geschützte geografische Angabe „Cítricos Valencianos" eingerichtet, um die Vorzüglichkeit der Früchte zu schützen, zu fördern und zu gewährleisten.

Das große Problem, das die Branche gegenwärtig beschäftigt, ist der enorme Unterschied zwischen den Erzeuger- und den Verkaufspreisen für das Obst.

Das sich ständig ändernde Konsumverhalten, die ökologischen und nachhaltigen Anbaumethoden und die neuen Technologien – die die Möglichkeit bieten, über das Internet frisch gepflückte Orangen direkt beim Landwirt zu kaufen - sind nur einige der neuen Herausforderungen, die die Branche an einem komplexen, wettbewerbsorientierten Markt zu bewältigen hat, an dem trotz alledem die Zitrusfrüchte an der Spitze der Weltobstproduktion stehen.

Die valencianischen Zitrusfrüchte sind als geschützte geografische Angabe ausgezeichnet.

Früchte

1 Granatapfel
Der ursprünglich aus dem Nahen Osten stammende Granatapfel (*punica granatum*) verbreitete sich vor mehr als tausend Jahren im gesamten Mittelmeerraum und passte sich dort an. Im Süden von Alicante - Campo de Elche, Crevillente und Albatera – wird vor allem die Sorte *mollar* angebaut, die wegen ihrer Süße und der fehlenden Kerne international äußerst geschätzt wird. Mit einer Jahresproduktion von rund 40.000 Tonnen, die in den Monaten September bis Dezember geerntet werden, erstreckt sich hier die Anbaufläche über 2.100 Hektar.

2 Avocados
Die ersten Avocados erreichten zwar schon vor mehr als vier Jahrhunderten den Botanischen Garten von Valencia, dennoch ist der Avocadoanbau relativ modern, dessen Anfänge auf Ende der 60er Jahre des 20. Jahrhunderts zurückgehen. Gegenwärtig erstrecken sich die Produktionsgebiete über Callosa d'en Sarrià, Altea, Polop, Gandía, Benifaió, Alginet, Picassent, Faura und weitere kleine Dörfer. Die Avocado bleibt lange am Baum, wo sie bis zu vier Monate wächst. Avocados reifen erst aus, wenn sie geerntet werden. Die Ernte erfolgt von März bis Juli.

3 Kaki der Ribera del Xúquer
Die Ursprungsbezeichnung Kaki Ribera del Xúquer schützt die Kaki-Qualität der Sorte *rojo brillante* mit weichem Fruchtfleisch (*classic*) und mit hartem Fruchtfleisch (*persimon*). Der Kaki-Anbau begann eher durch Zufall, als jemand in der Ortschaft El Carlet einige Samen einpflanzte. Später, Anfang der 60er Jahre, erfolgten die ersten Anpflanzungen im Gemeindebezirk von L'Alcudia. Heute erreicht die Jahresproduktion bereits 25.000 Tonnen.

4 Landschaft der Kirschbäume
Die Kirschblüte gegen Ende des Winters verändert die Farbe der Felder, die sich in eine zauberhafte, prachtvolle Landschaft

2

3

4

5

6

5 6 7

verwandeln. Ortschaften im Castellón wie Caudiel im Landkreis Alto Palancia und La Salzadella im Baix Maestrat haben die Kirsche zum Wahrzeichen ihrer Gastronomie gemacht. Ebenso genießen die Kirschen aus den Bergen von Alicante, die durch eine spezielle Ursprungsbezeichnung geschützt sind, ein hohes Ansehen. Die Ernte beginnt zwischen Ende Mai und Anfang Juni.

5 Japanische Wollmispeln (Nisperos) aus Callosa

Im November und Dezember beginnt die Blütezeit der Japanischen Wollmispel, in der die weißen, in Trauben stehenden Blüten die Bäume bedecken und auf den Feldern ihren feinen Duft verströmen. Die Ernte beginnt mit Frühlingsanfang, kann sich aber noch bis Mitte Juni verzögern.

Die *Nisperos* aus Callosa d'en Sarrià sind mit einer Ursprungsbezeichnung ausgezeichnet, die die Qualität schützt, und nehmen mehr als die Hälfte der spanischen Gesamtproduktion ein. Es gibt zahlreiche historische wie auch neue Sorten, unter denen *algar* oder *agerie* und *nadal* zu den wichtigsten zählen.

6 Tüten-Weintrauben aus Vinalopó

Im zweiten Jahrzehnt des 20. Jahrhunderts packte ein Landwirt aus dem Tal von Vinalopó die Weintrauben an den Rebstöcken in eine Papiertüte, um auf diese Weise zu vermeiden, dass sie von einer Plage befallen werden. Er stellte zudem fest, dass die Tüte nicht nur gegen Insekten und die direkte Berührung mit dem Pflanzenschutzmittel schützte, sondern auch bei schlechten Wetterverhältnissen half und außerdem die Reifung verzögerte. Die Tafeltrauben in der Tüte aus Vinalopó sind mit einer Ursprungsbezeichnung ausgezeichnet, die gewährleistet, dass die Weintrauben mindestens 60

Tage lang mit Hilfe einer Tüte aus satiniertem neuem Zellulosepapier geschützt werden.
Die durch Ursprungsbezeichnung geschützten Traubensorten sind *ideal*, mit einem leichten Geschmack nach Muskateller, und *aledo*. Die Letztgenannte, die späteste Sorte, kann bis 4 Monate in der Tüte bleiben und wird für das Weintraubenessen in der Silvesternacht angebaut.

7 Datteln aus Elche

Die ursprünglich aus dem Mittleren Osten stammenden Dattelpalmen wurden von den Phöniziern eingeführt und hatten in der arabischen Herrschaft ihre Blütezeit. Der Palmenhain von Elche ist mit mehr als 200.000 Dattelpalmen der größte Europas. Ebenfalls von Bedeutung ist die Dattelpalmenpflanzung von Orihuela, die durch die Gedichte von Miguel Hernández verewigt wurde.
Nur von einem Espartogurt gehalten, oben am Palmenstamm in rund zwanzig Meter Höhe, ernten die Palmenbauern durch geschicktes Hantieren ihrer Macheten die Datteltrauben, während sie traditionelle Lieder (*cançons del munyir*) singen. Nach der Ernte lässt man die Datteln auf Espartomatten in der Sonne trocknen. Die Ernte erfolgt von Oktober bis Dezember.

Artischocken aus Benicarló

Das Produktionsgebiet der Artischocke aus Benicarló erstreckt sich über die sanften Küstenebenen des Landkreises Baix Maestrat in der Provinz Castellón. Genau genommen dehnt sich die Anbaufläche über die Gemeindebezirke von Benicarló, Càlig, Peñíscola und Vinaròs aus.

Das Mittelmeer hat einen günstigen Einfluss auf diese Region, denn es bewahrt sie vor starken Temperaturschwankungen. Dadurch wird die Artischocke schön fest, rund und kompakt. Diese besonderen mikroklimatischen Bedingungen sorgen ferner dafür, dass die Artischocken dieser Gegend außerordentlich widerstandsfähig und länger als normal – ohne Qualitätsverlust – haltbar sind, da die durch die im Gemüse enthaltenen oxidierenden Fermente hervorgerufene dunkle Verfärbung hinausgezögert wird.

Die Ursprungsbezeichnung „Alcachofa de Benicarló“ und ihre spezifische Regelung wurden am 18. September 1998 genehmigt. Im November 2003 wurde diese Artischocke von der Europäischen Union als ein Produkt mit geschützter Ursprungsbezeichnung ausgezeichnet.

Um diese Artischocken auf dem Markt wiederzuerkennen, müssen wir auf ihre kleine kompakte Form mit ihrer charakteristischen Vertiefung achten. Zudem müssen sie mit dem Siegel des Kontrollrates gekennzeichnet sein.

Links und oben: Artischocken aus Benicarló.
Rechts: bei der Ernte auf dem Feld.

Ferraura, tavella und *garrofó*

Die häufigste Beschwerde, die man zu hören bekommt, wenn man eine echte Paella außerhalb der Valencianischen Gemeinschaft zubereiten möchte, ist, dass es enorm schwierig ist, *ferraura*, *tavella* und *garrofó* auf den Märkten zu finden. Diese drei Zutaten sind Laien weitgehend unbekannt und sollten daher kurz vorgestellt werden.

In der valencianischen Küche ist die Verwendung von flachen grünen Bohnen (*bajoques* oder *bajoquetes*) und jeglicher Sorte von weißen Bohnen (*fesols*) weit verbreitet.

Ob frisch oder getrocknet – Bohnen sind die Protagonisten einer umfangreichen traditionellen Rezeptsammlung, die mit so großartigen Gerichten wie den *ollas*, *pucheros* und *fesoladas* (Bohneneintopf), dem *bullit*, dem *arròs amb fesols i naps* (Reis mit Bohnen und Rüben) und selbstverständlich mit der Paella aufwartet.

Das allgemein anerkannte Rezept der valencianischen Paella enthält, wie wir schon gesagt haben, *ferraura, tavella* und *garrofó*. Die *ferraura*, die in einigen Landkreisen auch *bajocó* genannt wird, ist eine hufeisenförmige grüne Bohne. Die Hülle der *tavella* enthält kleine zarte Bohnenkerne, die wie eine Niere geformt und sehr aromatisch sind. Der *garrofó* hat unterschiedliche Bezeichnungen wie „Mondbohne" oder auch „Limabohne". Sie ähnelt der Feuerbohne der *Fabada* und wird weitgehend frisch verwendet.

Weitere Bohnenarten, die je nach Jahreszeit in die Paella gegeben werden, sind *rochet* (*roiget* oder *rotjet*), die wie der Name besagt rötlich gescheckt sind, und *manteca* oder *mantequeta*, die als buttrig zart gelten – daher der Name (manteca, dt. Butter) – und die durch die schöne hellgelbe Farbe ihrer Schoten leicht zu erkennen sind.

1. Roget oder Rochet. **2.** Garrofó. **3.** Ferraura. **4.** Manteca. **5.** Perona. **6.** Tavella.

1
2
3
4
5
6

Ñora-Paprikas und getrocknete Tomaten

Die *ñoras* sind kleine, rundliche getrocknete Paprikaschoten der Sorte „*Capsicuum anuum*". Durch ihre charakteristische Form und den besonderen Geschmack, den sie durch das Trocknen annehmen, unterscheiden sie sich von den restlichen Paprikaschoten. Die beliebtesten *ñoras* in der gesamten Region Valencias kommen aus dem Landkreis Vega Baja und da sind es besonders die Paprikas, die in Guardamar del Segura getrocknet werden.

Nach der Ernte werden die *ñoras* aus Guardamar auf dem feinen Sand der Segura-Mündung ausgebreitet und bedeckt. Im ganzen Monat, in dem dieser Vorgang dauert, wird nachts vom Sand die Wärme gehalten und verteilt. Die natürliche Trocknung, ohne den Einsatz von Öfen, unterscheidet diese *ñoras* oder „Kugelpaprikas" von den restlichen Paprikaschoten spanischer Produktion.

Die *ñoras* sind in zahlreichen Reisgerichten, Schmortöpfen, *picadas* und Saucen die großen „Nebendarsteller" der traditionellen valencianischen Küche und unter dem Letztgenannten wird die *salmorreta* am meisten geschätzt.

Die unter der glühenden Sommersonne getrockneten Tomaten erhalten einen charakteristischen, aromatischen, kräftigen Geschmack. Nach einer Trocknungszeit von zehn bis zwölf Tagen werden sie in Salz oder Olivenöl konserviert. Auf den Märkten können getrocknete Tomaten einen sehr hohen Preis erzielen. Das traditionelle *esmorçaet*, das Frühstück, das die Feldarbeiter in Alicante am Vormittag einnahmen, um sich zu stärken, war eine kräftigende Zusammenstellung aus gebratenen getrockneten Tomaten, einem Spiegelei und einer Salzsardine.

Links: Ñora-Paprikas und getrocknete Tomaten. Oben: Ñora-Zöpfe auf dem Markt. Unten: getrocknete Tomaten in Olivenöl.

Sauergemüse und Salzlake

Die Verwendung von Salzlaken (*salmorres*) geht auf das frühe Altertum zurück und steht im engen Zusammenhang mit dem Handel von Salz aus den tausendjährigen Salinen der levantinischen Küste. Die Salzlake ist eine uralte Methode zur Konservierung von Lebensmitteln, bei der ein ganz simples Gemisch aus Wasser und Salz verwendet wird. Diese Methode war bereits von den Phöniziern, Griechen und Römern bekannt.

Die Zubereitung von Sauergemüse ähnelt sehr der von Lebensmitteln in Salzlake. Der Hauptunterschied liegt in der Verwendung von Essig als Konservierungsmittel.

Lebensmittel in Salzlake und Sauergemüse sind in den drei Provinzen Valencias sehr beliebt, um jegliches Gemüse zu konservieren, und gehör-

Oliven in unterschiedlichen Marinaden und diverse Sauergemüse: Speisen, die auf keiner Tafel fehlen dürfen.

ten früher einmal zum traditionellen Mittagessen der Feldarbeiter.

Ob Oliven, Kapern, Zwiebeln, Gurken, Paprikaschoten, Tomaten, Blumenkohl, Rote Bete oder Möhren – mit den unterschiedlichsten Gemüsesorten aus dem Garten wird eine bunt gemischte Palette an Gemüse in Salzlake und Sauergemüse zubereitet, die gerne zum Aperitif gereicht werden, um den Appetit anzuregen.

Ein originelles Rezept, das wir erwähnen möchten, ist die Zubereitung mit Kapernstielen oder *raïm de pastor* („Pastorentrauben"), gewürzt mit Nizza-Mauerpfeffer, der eine kleine, auf Wegen und in Felsfluren sehr verbreitete Pflanze ist, die traditionell gegen Sodbrennen eingesetzt wurde. Ebenfalls verblüffend sind die originellen zarten Walnüsse in Salzlake, die in einigen Ortschaften der Marina Baixa und des Condado de Cocentaina zubereitet werden.

Gastro-botanischer und biologischer Anbau

Auf die spektakuläre Zunahme in der Nachfrage für Erzeugnisse aus dem biologischen Anbau ist eine Erwiderung vonseiten der valencianischen Landwirte erfolgt, die sich der Verantwortung gegenüber der Umwelt und der Gesundheit der Verbraucher bewusst sind. Beim biologischen Anbau werden die natürlichen Zyklen der Pflanzen respektiert und der Einsatz von Dünger- und Pflanzenschutzmitteln und sonstigen chemischen Produkten vermieden.

Die Gastro-Botanik ist eine neue Disziplin, die Pflanzenarten, die sich außerhalb der traditionellen Pfade befinden, studiert und vermarktet. Das Pionierunternehmen auf diesem Feld befindet sich in Elche und basiert sein Geschäft auf der Vermarktung von frischen Datteln. Aufgrund der geografischen Lage und der späten Ernte sind die Datteln aus Elche weltweit die einzigen frisch geernteten Datteln, die erhältlich sind. Ebenso wird mit unbekannten Zitrusfrüchten (Limquats, Calamondin, Buddhas Hand, Drachenfrucht, Zitruskaviar usw.) und mit Gemüse und Obst aus der Wüste, wie Landalgen, Eiskraut, Wachsbäumen oder Natalpflaumen und Wüsten-Erdbeeren, kleinen roten Früchten mit Jasminaroma, gearbeitet. Eine ganze Welt an neuen Pflanzen für eine kulinarische Entdeckungsreise.

Im Aufwärtstrend: Natürliche, ohne chemische Substanzen und Pflanzenschutzmittel angebaute Erzeugnisse werden immer beliebter.

F.R.O.M.
F.R.O.M.
F.R.O.M.
F.R.O.M.
R.O.M.

Das Meer und die Küche der Fischerboote

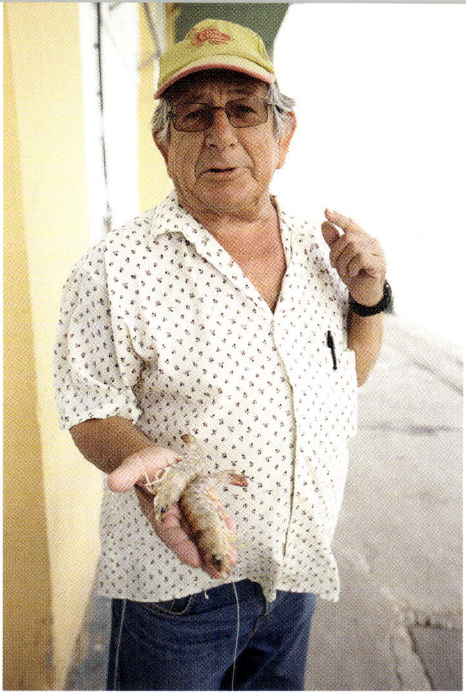

In der Vergangenheit waren es nicht nur die Küstendörfer, die ihre Verehrung für das Meer und seine Produkte in der reichen traditionellen Fisch- und Meeresfrüchteküche der Valencianischen Gemeinschaft zum Ausdruck brachten. Die Leidenschaft für die typische Küche der Fischer war durch die Maultiertreiber, die über steile Pfade frische Fische und Meeresfrüchte auf dem Rücken ihrer Maul- und Tragtiere landeinwärts transportierten, schon immer selbst in den von der Küste entferntesten Dörfern gegenwärtig. Hin und wieder wurde auf der Reise auch das Eis der gelegentlichen Schneefälle im Winter und im Frühjahr genutzt, das in originellen Steinbauten, die *pous de neu* (Eisbrunnen) oder *caves* (Keller) bezeichnet werden, gelagert wurde. Daher ist es nicht verwunderlich, dass einige Meeresspezialitäten heute noch ein wahres Erkennungsmerkmal der Gastronomie von Ortschaften darstellen, die vom Meer weit entfernt liegen.

Der Eifer für die Seefahrt und den Fischfang geht auf die Epoche der Iberer und auf den Handel mit Rom zurück. Die große Beliebtheit der

Die besten frischen Fische und Meeresfrüchte locken an der ganzen Küste der Valencianischen Gemeinschaft.

AUFIMAR
3ª CP-3-5-01

Würzsauce *Garum*, die auf Grundlage von gegorenen Blaufischen hergestellt wurde, führte dazu, dass das Keramikgewerbe für die Herstellung von Amphoren und Gefäßen blühte, die den Transport von Garum wie auch von Wein und Öl ermöglichten. Zudem begünstigte das hohe Ansehen der Thunfischerzeugnisse in der Metropolis die Entstehung der *Almadrabas* entlang der Küste.

Später entstanden in den verschiedenen Küstenhäfen die Fischerzünfte. Da die valencianischen Fischer geschickte Seefahrer waren, war es nicht ungewöhnlich, sie in fernen Fischgründen, wie den Balearen, den Kanarischen Inseln oder an den afrikanischen Küsten anzutreffen. Im zweiten Jahrzehnt des 20. Jahrhunderts, mit der Zunahme von motorbetriebenen Schiffen, konsolidierte sich die *bou*- bzw. Schleppnetzfischerei und zahlreiche Fischerkolonien mit Fischern aus Valencia, Alicante und Castellón entstanden an anderen Orten der spanischen Küsten. Die Fischerflotte von Santa Pola galt bereits in den 50er Jahren mit über 200 Booten zur bedeutendsten an der spanischen Mittelmeerküste.

Ankunft der Schiffe an der Fischbörse, gefüllt mit einer großen Vielfalt an Fischen, die für die valencianischen Fischküche so bezeichnend ist.

Diese historische Tradition hat eine exquisite Fisch- und Meeresfrüchteküche geprägt, die - von den bescheidenen kleinen Fischen für die Zubereitung von Fischragouts, -brühen und -eintöpfen bis hin zu den begehrtesten Leckerbissen - auf einer ganzheitlichen Nutzung der Meeresressourcen basiert.

Die traditionelle Rezeptsammlung für Fisch und Meeresfrüchte der Valencianischen Gemeinschaft enthält alle für Fisch mögliche Garmethoden: gebraten, gekocht, geschmort, frittiert, in

Links: schönes Panoramabild der Felsenküste der Insel Tabarca. Oben: Santa Pola. Unten: Möwen.

Marinade… Doch ist darauf hinzuweisen, dass nur eine Garmethode sehr beliebt und verbreitet ist. Es handelt sich um den *sofrito*, dem der Fisch und eine kleine Menge Brühe oder Wasser zugegeben werden, um alles kurz garen zu lassen. Wir finden zahlreiche ähnliche Spezialitäten mit unterschiedlichen Namen, die zwar mit anderen Zutaten, aber mit der gleichen Garmethode zubereitet werden: *sucs, suquets, cassoles, cruets, nugats…* Ebenso müssen wir die *llandes* oder *llandetes* erwähnen, die Rezepte sind, bei denen der Fisch in einem Metallgefäß mit diesem Namen gegart wird.

Es wäre einfach nicht möglich, das immense Repertoire, aus dem sich das gastronomische Erbe der Fisch- und Meeresfrüchteküche der Valencianischen Gemeinschaft zusammensetzt, hier zusammenzufassen. Selbstverständlich sind die Reisgerichte in jeglicher Zubereitungsart zu einem Wahrzeichen der valencianischen Fisch- und Meeresfrüchteküche geworden. Auch die Fadennudeln erfreuen sich großer Beliebtheit, ob *rossejats* – vor dem Garen goldgelb angebraten – oder *a banda*, wie der Reis, oder in Brühe. Besonders erwähnenswert ist die *fideuà*, deren unbestreitbare weltweite Hauptstadt Gandía ist.

Andere Fischrezepte ersetzen im traditionellen *allipebre* den Aal durch Meeräsche (*llissa*), Seeteufel oder Wolfsbarsch, kombinieren die Distelstangen mit Tintenfischen oder Krake oder bestechen durch deftige Überladenheit wie beim Krakentopf (*putxero de polp*). Eine Aufzählung der beliebtesten Fisch- und Meeresfrüchtespezialitäten würde kein Ende nehmen.

Viele dieser Rezepte lassen die Tradition einer Küche wieder aufleben, die von den Fischern an Bord praktiziert wurde und die sich später als Alltagsgerichte in den Wirtshäusern und Tavernen der Häfen großer Beliebtheit erfreute. Auf der *burguera* oder Feuerstelle und an der glimmernden Asche der Glut wurden *cabets*, *gerrets*, Sardinen, Sardellen, Makrelen und *jurioles* gebraten. Ferner wurden Rotbarben, bevor sie auf dem Markt zu begehrten Delikatessen wurden, oder Fisch oder Kraken – so genannte *eixumorats* –, da sie 10 bis 12 Stunden im Freien getrocknet wurden, zubereitet.

In einem Eisentopf wurden zuerst einige Knoblauchzehen und eine Ñora-Paprika angebraten, die anschließend für die *picada* beiseitegestellt wurden, und dann wurde der Fisch schichtweise darin verteilt: zuerst der Fisch mit festerem Fleisch (Petermännchen, Himmelsgucker, Meeraal, Drachenkopf, Rochen usw.) und dann der mit weicherem Fleisch (Makrelen, *martinetes*, *rafets*…). Es wurden Kartoffeln, Krebse und Krabben zugegeben. Der Fisch wurde ungefähr 20 Minuten gegart und mit einer Vinaigrette aus Essig, Allioli und Brühe angerichtet. Nach dem Eindicken mit einer guten *picada* wurde die Suppe serviert. In der traditionellen Küche von La Marina wurde diese Suppe, wenn sie reichlich mit frittiertem Brot eingedickt wurde, *sopa de piló* oder, wenn sie dünnflüssiger war, *sopa de galgo* genannt. Reis *a banda* und *fideuà* wurden ebenfalls in einem Topf zubereitet – niemals in der recht flachen Pfanne, da auf dem Fischerboot durch das Auf und Ab der Wellen die Brühe sehr leicht überschwappen konnte – und stets in sämiger Konsistenz serviert.

Die Begeisterung, die die Valencianer für Meeresfrüchte empfinden, wird durch das umfangreiche köstliche Angebot ausgeglichen, das die große Speisekammer Meer bereithält. Neben vielen anderen Vertretern müssen wir hier unbedingt die Langostinos aus Vinaròs und Guardamar, die Garnelen aus Dènia, die Kaisergranaten, die Seeigeln, die Stumpfmuscheln, die Seegurken, die Arche-Noah-Muscheln und die Seedatteln erwähnen.

Fische und Meeresfrüchte spielen in Hunderten von traditionellen Rezepten in der Fischküche der Küste von Castellón, Valencia und Alicante eine zentrale Rolle.

Einsalzen – eine tausendjährige Konservierungs-methode

Borreta, Schmortopf mit *bull*, *pebreretes*, *pericana*, *espencat* und *fritanga de sangatxo* sind traditionelle Gerichte der Küche von Alicante, der Provinz, die stolz darauf sein kann, der größte Verbraucher von *salazones* (eingesalzene Produkte) zu sein, und zwar nicht nur in Spanien, sondern auch in ganz Europa. Allerdings haben das Verschwinden der Almadrabas an dieser Küste (die letzte auf der Insel Tabarca im Jahr 1960) und der zunehmende Preisanstieg für hochwertige *salazones* dazu geführt, dass die Verbrauchszahlen im Laufe der letzten Jahrzehnte nach und nach zurückgegangen sind. Dennoch gelten *salazones* als ein unbestrittenes Identitätsmerkmal der traditionellen Gastronomie der Alicante-Landkreise.

Die Herstellung von *salazones* geht auf eine tausendjährige Tradition zurück. In der Römerzeit erlebte diese Konservierungsmethode mit der Herstellung und dem Handel des äußerst begehrten *Garum* eine Blütezeit. Diverse archäologische Fundstätten beweisen, dass sich die Konservierungsmethode des Einsalzens vor 2.500 Jahren kaum von der heutigen unterscheidet.

Jede Art von Fisch und jedes Teil des Tieres benötigen eine besondere Technik und spezielle Vorkehrungen, um den gewünschten Geschmack und die gewünschte Konsistenz zu erreichen. Das Gleiche gilt für den umgekehrten Prozess, das Wässern. Jeder Koch muss lernen, wie weit er wässern muss, um für das jeweilige Produkt den gewünschten milden Geschmack zu erhalten.

Ein richtiger Experte muss den Unterschied zwischen einem hochwertigen handwerklich hergestellten Salzprodukt und einem Imitat, das aus tiefgefrorenem, in Trocknungstunneln verarbeitetem Thunfisch aus dem Golf von Mexiko besteht, kennen.

Wer ein guter Gourmet der *salazones* werden möchte, muss außerdem lernen, die sechzehn verschiedene Salzthunfischsorten zu unter-

Salazones an einem Marktstand im Mercado Central von Valencia, einem der weltweit besten Orte, wo diese Produkte erhältlich sind.

Selectas
Perdiz en
Escabeche
Vicent Peris
Saladura Selecta
Vicent Peris
Saladura Selecta
CAPELLANETS
ARTESANS
KILO

scheiden – vom bescheidenen *sangatxo* bis hin zum erlesenen *mormo* (der eine Art Filet ist, das sich im Fischkopf befindet) oder dem *morrillo* (etwas fettiger, der hinter diesem Letztgenannten liegt), über das Herz, die *budellet* (Därme), die *espineta* und die *faseres* (die gelatineartigen Membranen um die Augen des Thunfisches). Alles wird verzehrt.

Die beliebte *mojama* stammt aus den so genannten *descargados* und *descargamentos*, den Teilen unterhalb der Thunfischlende. Sie ist das trockenste Stück vom Fisch und sollte leicht zu schneiden sein und eine dunkle, glänzende Farbe haben. Die Farbe ist schwächer und der Geschmack ist weniger intensiv, wenn tiefgefrorener heller Thunfisch (*yellowfin*) verwendet wird.

Der geschätzte *tonyina de sorra*, auch unter *ijada*, *ventresca* oder *toquilla* bekannt, ist der Bauch vom Thunfisch, der durch den hohen Fettgehalt das zarteste Stück des Tieres ist. Der begehrteste Teil des Thunfisches sind die Eier. Jeder Thunfisch besitzt zwei Eier. Die vom männlichen Tier sind zum Einsalzen geeignet und werden frisch zum Aperitif verzehrt. Die Eier des Weibchens, genannt *de grano*, sind, wenn sie gerade entnommen worden sind, zylinderförmig. Nach dem Einsalzen und dem Trocknen, zuerst in der Sonne und dann in der Trockenanlage, gelten sie als exquisite und äußerst begehrte Delikatesse.

Weitere beliebte *salazones* werden von Makohaien, Thoninen, Hundshaien, Makrelen, Sardinen und Zwergdorschen hergestellt.

Links: Salz-Bonitos. Oben: ein hochwertiges handwerklich hergestelltes Salzprodukt unterscheiden lernen.

Die Geografie der *cocas*

Die Geschichte der *cocas* im Mittelmeerraum ist so alt wie das Brot oder der gemahlene Weizen. Die griechischen Krieger bereiteten sie zu und richteten sie mit Oliven und dem Saft der erwärmten Oliven an. Von Vergil wurde überliefert, dass in Rom das *Moretum* gerne gegessen wurde, das ein mit Mehl und Hefe gebackenes Fladenbrot ist, das zu Zwiebeln, Knoblauch, Öl und Essig gereicht wurde.

Einige Experten versichern, dass die *cocas* ursprünglich immer rund waren und dass sie, wahrscheinlich als Überbleibsel eines alten Sonnenkultes, notgedrungen einen Kreis in der Mitte haben mussten. Es gibt so viele Theorien wie *cocas* – da ist für jeden Geschmack etwas dabei.

Tatsache ist, dass die *cocas* tief im gastronomischen Erbe der Valencianischen Gemeinschaft ver-

Links: Salz-Bonitos. Oben: ein hochwertiges handwerklich hergestelltes Salzprodukt unterscheiden lernen.

wurzelt sind. Jede Ortschaft, ja sogar jede Familie, hütet sorgsam wie ein Geheimnis das eigene *coca*-Rezept. Alle ähneln sich, alle unterscheiden sich. Ob süß oder herzhaft, flach oder bedeckt (*fassides*) – *cocas* sind ohne Ausnahme köstlich.

Der Boden ist immer gleich: Der Teig wird mit Mehl (Weizen, Mais usw.), Wasser, Öl oder Bier, mal mit Hefe, mal mit einer Prise Backpulver oder Soda und einer Prise Salz oder Zucker zubereitet.

Selbstverständlich kann zusätzlich für eine besondere Geschmacksnote Butter, Weißwein, Most, Brandwein oder ein sonstiges Destillat oder Gewürz zugegeben werden. Ab diesem Schritt können Gärungen, Formen und Garmethoden sehr unterschiedlich sein.

Die Palette der Zutaten für die verschiedenen Füllungen ist beinahe unendlich. Bei den herzhaften *cocas* sind allerdings die Wurstspezialitäten (*longanizas*, *morcillas*, *blanquets*, *sobrasadas*) und vor allem die typisch mediterranen Gemüsesorten wie u.a. Paprikaschoten, Auberginen, Tomaten, Zwiebeln, Artischocken, Erbsen und Mangold sehr beliebt.

Die Geografie der *coca* führt uns zu den verborgensten Winkeln des Landes, die uns immer wieder mit einer ungewöhnlichen traditionellen Spezialität eines Ortes überraschen.

So heißen die *cocas* im Maestrat *cocs* (sehr beliebt der *coc en tomata* von Morella, *en carne magra* oder *coc en sardina*). In Safor werden u.a. *coques fregides, de casa con forat al mig i sense* und *filaneres* zubereitet und besonders erwähnenswert sind die *coques de mestall* in Tavernes de la Valldigna oder die *coques escaldades* oder *a la calfó*, die in Oliva äußerst begehrt sind.

Wie es anders nicht sein kann, sind in den Landkreisen von Alicante die Füllungen mit den

Oben: eine *coca* mit Hering.

verschiedenen *salazones* sehr beliebt. Die *minxos*, längliche, dünne *cocas*, und die *coca de molletes* erfreuen sich großer Beliebtheit.

Im Kapitel der süßen cocas müssen wir u.a. die allgegenwärtige *coca llanda* oder *coca boba*, die *coques de cacau* –denen Erdnüsse zugefügt werden, sehr beliebt in den Landkreisen bei Valencia–, die feine *coca* von Sant Antoni, in vielen Landkreisen der Region Valencias anzutreffen, aber ursprünglich aus Alt Maestrat, –wie die *coca malfeta*, die *coca celestial* oder die *coca amb molla*–, die *fogassetes* von Algemessí, die Coca de Sant Joan, die *coques fines* und die *coquetes a l'arrop* erwähnen.

Mit den Rezepten von süßen und herzhaften *cocas* könnte man ganze Seiten von einschlägigen Nachschlagewerken füllen. Dennoch ist es schier unglaublich, wie in einer Gesellschaft, in der es stets die köstlichen *cocas* gegeben hat, die Tyrannei der mittelmäßigen Pizzas und Focaccias derart überhandnehmen konnte. Grotesken der Globalisierung.

Coca de Castellón, mit Kartoffeln zubereitet. Links: die leckere *coca* oder *torta* Cristina mit gemahlenen Mandeln.

Mediterrane Käsespezialitäten

Der *Tronchón* steht aufgrund seiner historischen Bedeutung an der Spitze der Käsespezialitäten aus der Valencianischen Gemeinschaft. Der berühmteste bibliografische Hinweis auf die Existenz des *Tronchón* stammt von Sancho Panza in Don Quijote, der ihn wegen seiner Qualitäten rühmte. Das Produktionsgebiet des Tronchón erstreckte sich einst über den gesamten Maestrazgo, Els Ports de Morella und Beceite, von der Castellón-Ebene und dem Ebro-Delta bis ins Landesinnere von Teruel. Der Käse wurde mit der Milch der in Herden gehüteten Schafe hergestellt – unter denen auch die eine oder andere Ziege ästete –, die als Wandertiere in den hohen Weiden der Levante-Gebirgsketten gehalten wurden.

Die verwendeten Käseformen waren aus Olivenbaum- oder Buchsbaumholz, hatten am Boden, damit sich die Molke abtrennen konnte, einen kleinen Kegel, und gaben der geformten Käsemasse ihre typische Vulkangestalt. Die Schäfer der Gegend stachen mit ihren Messern in diese Formen und verzierten die Käserinde mit Blumenmustern oder religiösen Motiven.

1. Queso de servilleta oder pañoleta curado **2.** Tronchón
3. Queso de La Nucía **4.** Queso de servilleta (*tovalló*)
5. Cassoleta **6.** Brull

2
3
1
4
5
6

Der kleine würzige Käse *cassoleta* – auf Valencianisch, dt. Töpfchen – ist in Wirklichkeit ein kleiner Tronchón-Käse, der traditionell in den Küstengebieten mit Ziegenmilch, und hin und wieder auch mit etwas Schafsmilch, hergestellt und als Frisch- oder Weichkäse verkauft wurde. Im Gegensatz zum *Tronchón* weist die Rinde dieses Käses keine Gravur auf, der außerdem ein kleineres Format, zwischen 100 und 150 Gramm, hat.

Die Käsespezialitäten der Valencianischen Gemeinschaft zeichnen sich durch ihren unmissverständlichen mediterranen Charakter und ihre originellen Formate aus.

Früher wurde außerdem der *formatge de duro* oder *formatge de berenar* – Vesperkäse (*berenar*) in der Größe einer Münze (duro) - hergestellt, der gerade mal 50 Gramm pro Stück wog.

Ferner erfreute sich der *queso de servilleta* (val. *formatges de tovalló*, dt. „Tuch-Käse") großer Beliebtheit, ein traditionell von den Ziegenhirten selbst hergestellter Frischkäse aus Ziegenmilch, bei der man die Käsemasse in einem Tuch gebunden abtropfen ließ und die Käsestücke anschließend in ein Salzbad legte. Diese Käsezubereitung ist im Landkreis Valencias La Costera de Ranes (Llosa de Ranes, Llanera de Ranes, Rotglà und Corbera) und im Alt Vinalopó von Alicante (Campo de Mirra, Benejama, Vilena usw.) sehr verbreitet. Darüber hinaus ist in dieser Region der Ziegenfrischkäse, bekannt als *blanquet* oder *queso de Alicante*, sehr beliebt, der in einem Espartoreif geformt wird, wodurch der Käselaib an der Seite das typische Muster erhält.

In der Ortschaft La Nucía, im Marina Baixa, ist der Käse, der den Namen des Ortes trägt und der hier auf ganz ungewöhnliche Weise erfunden wurde, das kleine Juwel der örtlichen Gastronomie. Der Käse von La Nucía wurde von Juan Ferrer erfunden, der die Idee hatte, Ziegenfrischkäse in der eigenen Metzgerei herzustellen. Dabei gab er noch etwas Kuhmilch hinzu und benutzte Metalleierbecher als Form, um die Käsemasse abtropfen zu lassen. Das Ergebnis war erstaunlich. Die Käselaibe hatten die ausgefallene Form eines Kegelstumpfes angenommen und die Seiten waren originell von den Rauten der Eierbecher verziert. Diese Spezialität wurde in der ganzen Region sehr beliebt und man gab ihr den Namen „queso de la Nucía". 1960 ließ die Familie Ferrer ihre eigene Marke registrieren, um den Originalkäse von La Nucía und auch weitere traditionelle Käsesorten zu vermarkten: *cassoleta*, servilleta, *puçol* und *blanquet*.

In der Ortschaft Catí, mitten im Tal der Berglandschaft von Alicante, das Els Ports de Morella und das Gebirgsland von Maestrazgo miteinander verbindet, gibt es einige der interessantesten Käsespezialitäten der ganzen Valencianischen Gemeinschaft zu entdecken. Die Agrargenossenschaft von Catí setzt seit Ende der 1990er Jahre auf die Herstellung hochwertiger Käsespezialitäten für die anspruchsvollsten Käseliebhaber und auf stetige Verbesserung in den Bereichen Organisation, Innovation und Weiterbildung. Ihre Käsespezialitäten sind mit einigen der wichtigsten Preise der internationalen Käselandschaft ausgezeichnet worden. Darüber hinaus besitzt sie in Morella eine weitere Käserei, die mit dem Hirtenmuseum eine didaktische Informationsstätte über die ländliche Kultur der Region beherbergt.

Traditionelle Wurstspezialitäten

Die Wurstkultur entstand aus der Notwendigkeit, das Fleisch des geschlachteten Schweins (*matança* oder *porquejà* - Schlachtung) für das ganze Jahr haltbar zu machen. Traditionell erfolgte die Schlachtung an einem kalten Tag Anfang November oder später, zu der die ganzen Familie zusammenkam. Ein erfahrener Schlachter und eine Frau, die wusste, wie das Blut umgerührt werden musste, damit es nicht gerann, wurden herbeigeholt.

Die Männer hatten die Aufgabe, das Schwein in seine Teile zu zerlegen: Schinken, Lenden, Knochen… Die besten Stücke wurden gesalzen und anschließend zum Konservieren in eine Marinade gelegt. Die Frauen hackten das verbleibende Fleisch für die Zubereitung der diversen Spezialitäten: *llonganisses*, *botifarres*, *morcillas* mit Reis oder Zwiebeln, *xoricets*…

Der *blanquet* ist ein *botifarró*, der mit durchwachsenem Mager- und Kopffleisch hergestellt wird. Die *longaniza de Pascua* wurde traditionell in der Region von Valencia hergestellt. Für diese sehr trockene und schmale Wurst werden mageres Schweinefleisch, Kalbfleisch, Speck und als Gewürz Pfeffer und Anis verwendet. Die auf Grundlage von Magerfleisch und Schweineleber zubereiteten *figatells* sind eine Art Hamburger eingewickelt in einem Fettnetz.

Die *bufa* wird in die Schweineblase gefüllt. Typisch für Xaló (in Marina Alta von Alicante) ist der *garró*, eine Variante der *bufa*, die allerdings in die Haut der Schweinehachse gefüllt wird. Die *poltrota* wird mit gekochter Schweineschwarte, Speck, Schweinefleisch, gekochtem Kopffleisch mit Zunge, Salz und Pfeffer hergestellt.

Der *perro* enthält Kopffleisch, Speck, Blut, Schwarte und Gewürze. Die *gueña*, eine sehr typische Spezialität in Requena, wird mit Bauchspeck und Innereien und mit den Gewürzen Pfeffer, Zimt, Nelken, Knoblauch und Paprika hergestellt.

Die örtlichen *sobrasadas* können mit einem Hauch Orange gewürzt oder mit Kürbis zubereitet werden. Ihr bekanntester Vertreter ist die *sobrasada* aus Tárbena, einer Ortschaft, die nach der Ausweisung der Morisken im Jahr 1609 mit mallorquinischen Familien wieder besiedelt wurde.

Die Wurstspezialitäten der Schweineschlachtung sind überall in der Region Valencias gegenwärtig.

Wurstspezialitäten aus Requena mit geschützter geografischer Angabe

Der Gemeindebezirk Requena befindet sich 690 Meter über dem Meeresspiegel auf einer ausgedehnten Hochebene, die von den Gebirgszügen Negrete, Cabrillas, Malacara und Martés umgeben ist. Das Klima dieser Region zeichnet sich durch Trockenheit und kontinentale Verhältnisse mit starken Temperaturschwankungen zwischen den kurzen Sommern und den langen, kalten Wintern aus, die ideale Wetterbedingungen für eine optimale Reifung der Wurstsorten sind.

Das Wurstmacherhandwerk dieser Region ist ein althergebrachtes Handwerk. Die Wurstersteller von Requena sind stolz darauf, ausschließlich das Fleisch von kastrierten Ebern oder Säuen zu verwenden, um so höchste Qualität zu gewährleisten, Naturdärme zur besseren Konservierung und Geschmacksentwicklung der Wurst einzusetzen und einzig und allein die allerbesten auf dem Markt erhältlichen Gewürze zu verwenden.

Der Kontrollrat der Requena-Wurstspezialitäten mit geschützter geografischer Angabe (*I.G.P.Embutidos de Requena*) hat zwölf Familienbetriebe, die alle im Gemeindebezirk von Requena liegen, aufgenommen. Das Qualitätssiegel des Kontrollrats garantiert Qualität und Echtheit des Produkts.

1 Orza: In glasierten, hohen Tongefäßen ohne Henkel, mit Olivenöl konservierte Wurst (*longaniza, chorizo* oder *morcilla*) für den ganzjährigen Verzehr. Ebenso werden Schweinelenden und Rippchen in den *orzas* konserviert.

2 Salchichón: Masse aus Magerfleisch (80 - 90 %) und Bauchspeck (20 - 10 %) mit Salz und Gewürzen (Pfeffer und Pfefferkörner). Reifung von mindestens 18 Tagen.

3 Sobrasada: Gereifte Rohwurst, ausschließlich hergestellt mit Magerfleisch (15 - 20 %) und Speck/Bauchspeck (80 - 85 %), mit Salz, Gewürzen und Aromen.

4 Chorizo curado (gereift): Masse aus Magerfleisch (60 - 70 %) und Speck (40 - 30 %), mit Salz und Gewürzen (Paprika, Pfeffer, Knoblauch, Zimt und Nelken) sowie Aromen (Weine und Liköre).

5 und 6 Perro: Masse aus Magerfleisch (15 - 20 %) und Speck/Bauchspeck (80 - 85 %), mit Salz, Gewürzen (Pfeffer, Paprika und Knoblauch) und Aromen. Die Dauer der Reifung hängt von der Größe ab: dickes Format 7 bis 10 Tage, schmales Format 3 bis 4 Tage.

7 und 8 Morcillas: Masse aus gegarten Zwiebeln, Reis (5 %), Schmalz (10 bis 20 %) und Schweineblut (10 - 5 %), mit Salz und Gewürzen (Zimt, Nelken und Pfeffer). Sie werden 1 Stunde lang gebrüht.

9 Chorizo fresco (frisch): Die Wurst ähnelt einer *longaniza* und ist relativ schmal.

10 Gueña: Masse aus Bauchspeck (60 - 70 %), Innereien (30 - 40 %), vorher gegart oder gestockt, Salz, Gewürzen (Pfeffer, Paprika, Zimt, Nelke und Knoblauch) und Aromen.

11 Longaniza: Mageres Schweinefleisch (70 - 80 %), Speck/Bauchspeck (20 - 30 %), Salz und Gewürze. Sie sind in Wurstketten erhältlich. Sie können schmal oder dicklich sein.

1
2
3
4
5
6
7
8
9
10
11

Trüffeln aus Maestrazgo und Els Ports

In den Regionen Maestrazgo und Els Ports waren die schwarzen Trüffeln (*tuber melanosporum*) volkstümlich unter dem Namen *pataques negres* (schwarze Kartoffeln) bekannt. Wenn jemand durch Zufall in den Bergen eine Trüffel fand, warf er sie wegen ihres starken Geruchs weg oder gab sie den Schweinen. Der Legende nach kamen in den 50er Jahren des vergangenen Jahrhunderts im Winter „seltsame“ französische Jäger mit Hund, allerdings ohne Gewehr, in diese Gegend, um „schwarze Kartoffeln“ zu sammeln. Auf diese Weise lernten die Landsleute den Wert der Trüffel zu schätzen. Das – nicht kontrollierte – Trüffelsammeln erfolgt in den Monaten von November bis Februar. Es gibt einige mit mykorrhizierten Eichen angelegte Trüffelhaine. Jedes Jahr werden diverse kulinarische Aktionen und Wochen veranstaltet. Der Trüffelmarkt in Morella findet freitagabends mit größter Diskretion in der Nähe des Portal de Sant Mateu statt.

Demetrio Ferrando lüftet uns die Geheimnisse des Trüffelsammelns mit Hund in den Bergen von Benassal, im Alto Maestrazgo.

Ollas, pucheros und gazpachos

Die variantenreiche Palette an Schmorgerichten der Valencianischen Gemeinschaft ist enorm und geht auf die althergebrachte Tradition zurück, die Zutaten, die Garten, Meer und Berge hergeben, voll und ganz zu nutzen. Das Ergebnis ist ein nahezu unendliches Sortiment, ein traditionelles kulinarisches Erbe von außerordentlichem Reichtum, das in der ganzen valencianischen Region mit vielerlei Spezialitäten und fantasievollen Varianten aufwartet. Ohne jeden Zweifel ist die *olla* das beliebteste Gericht in der gesamten Valencianischen Gemeinschaft.

In vielen Haushalten gehört sie einmal die Woche auf den Tisch und die Distelstangen gelten als ihr wichtigstes Gemüse, so der Gastronom Lorenzo Millo. Die *olla* unterscheidet sich vom *puchero* durch eine wichtige Zutat - die weißen Bohnen oder *fesols.*

Die *ollas* sind das Wintergericht par excellence. Für ihre Zubereitung werden die unterschiedlichsten Gemüse der Saison mit Reis, Bohnen oder Weizenkörnern kombiniert. Ebenso das verwendete Fleisch kann sehr unterschiedlich sein, generell Kalb- und Schweinefleisch (Schnauze, Füße, Backen, Rippchen, Speck usw.) und alle Wurstsorten. Der Kniff: eine lange Garzeit von rund zwei bis drei Stunden bei sehr kleiner Hitze, damit die Hülsenfrüchte schön weich werden und die Brühe dicklich und durch das Kollagen vom Fleisch etwas gelatineartig wird. Ein nahrhaftes und stärkendes Gericht, gerade das Richtige, um kalte Wintertage auf dem Feld mit Fassung zu ertragen.

Die Region der valencianischen *ollas* und ihrer Varianten erstreckt sich von Morella bis Orihuela: *olla de recapte* mit *cecina* (Trockenfleisch) vom Rind, *olla benicarlanda*, *olla segorbina*, *olla de Sant Blai*... Die *olla* von La Plana ist ein Fasteneintopf, da es kein Fleisch enthält. Die *olla churra*, typisch für Los Serranos, wird mit Distelstangen, Mangold, Speck, Schweineschnauze, Rückgrat-

Die zahlreichen örtlichen Varianten der *ollas* und *pucheros* rivalisieren mit den Reisgerichten um den ersten Rang.

knochen, *morcilla* mit Brot und Lammfleisch zubereitet.

Es gibt *ollas* für jeden Geschmack: *ollas gitanas*, *ollas de soldado*, *ollas de notario* (Zigeuner-, Soldaten-, Notareintöpfe)... Eins der bekanntesten Rezepte ist die *olleta de músicos* (Musikereintopf), die in Alcoy so beliebt ist. Man erzählt sich, dass dieses Gericht deshalb ohne Reis zubereitet wurde, weil die Musiker, die mit ihrer Musik auf den Mauren-und-Christen-Festen für Unterhaltung sorgten, nach dem Spielen keinen verkochten Reis verspeisen sollten.

Der *puchero* war, bis zu seiner Entthronung durch die Paella, der unbestrittene König der valencianischen Küche, das Gericht der Feiertage und Weihnachtsfeste, als die Bauernfamilien ihre Fleischreserven – einen Truthahn oder ein Huhn, das im Laufe mehrerer Monate gemästet wurde – schlachteten, um ein Festmahl zuzubereiten, bei dem weder an Menge noch an Zutaten gespart wurde. Die Sonntags-Pucheros waren bescheidener, doch die Vorgehensweise war gleich: An einem Tag wurde der *puchero* zubereitet und an den folgenden Tagen wurde mit den Resten ein Reisgericht gekocht oder diese wurden zusammen mit Tomaten und Knoblauch gebraten.

Zuerst wurde die Suppe mit einer *pilota* (Fleischkloß) serviert und dann wurden die Kichererbsen zusammen mit dem Gemüse (Kartoffeln, Rüben, Kohl, Pastinaken, Süßkartoffeln usw.) auf einer Servierplatte angerichtet; auf einer weiteren Platte wurden das Schweinefleisch (*garreta*), die Knochen, die *blanquets*, der *chorizo* und die übrigen *pilotes* serviert; und auf einer dritten Platte wurden die Hühner- und Hähnchenstücke gereicht.

Die *pilotes* – auch *fassedures*, *rellenos* oder *tarongetes* genannt – sind Fleischklöße in der Größe einer Orange. Sie werden mit Hackfleisch, Brotkrume und Ei zubereitet, doch dann kommen noch die unterschiedlichsten Zutaten und Gewürze hinzu: Pinienkerne, Petersilie, Milch, Nelken, Muskatnuss, Blut, Leber, Zitronenabrieb usw. In Marina Baixa und La Ribera werden sie auch schon mal in Kohlblätter eingewickelt und anderenorts heißen sie *bordes*, denen Fregattenmakrele oder gesalzener *sangatxo* (Thunfisch) zugefügt wird.

Oben: *tortas* für *gazpachos*.

Die Fleischklöße können ferner mit Maismehl (*farcedures de panís* oder *dacsa*) oder als süße Variante mit Zucker, Zimt, Süßkartoffeln und Mandelmehl zubereitet werden.

Aus dieser Fülle an großartigen *pucheros* möchten wir noch die *pava borracha*, typisch für Vega Baja und den *puchero* mit Krake, sehr geschätzt in Calpe, Benissa und Moraira, erwähnen.

Die *gazpachos* - auch wenn nicht viel von ihrer Herkunft bekannt ist - stammen von einer sehr alten Hirtenkultur, sehr wahrscheinlich noch vor der Ankunft römischer Legionen auf der iberischen Halbinsel. Für diejenigen, die sich in kulinarischen Dingen nicht so auskennen, ist dazu anzumerken, dass diese *gazpachos* nichts mit der berühmten andalusischen Gazpacho, einer mit pürierten Gemüsen zubereiteten Suppe, zu tun hat. Die *gazpachos* aus den Bergregionen Valencias werden mit Wild- oder Geflügelfleisch zubereitet, mit Wildkräutern gewürzt und ausnahmslos mit ungesäuerten *tortas* oder *cocas* (Fladenbrot) serviert.

Der Teig für die *torta* wurde früher auf Ziegenhaut geknetet und sehr dünn ausgerollt, damit er gleichmäßig in der Glut garen konnte. Dann wurde er gewendet und noch von der anderen Seite gegart. Die *torta* ist „die Seele des *gazpacho*" und zweifelsohne das charakteristischste Element des Gerichts, so Francisco G. Seijo Alonso.

Bei der traditionellen Zubereitung des *gazpacho*.
Unten: Blätter der *pebrella* (*Thymus pyperella*).

An einigen Orten wird der *gazpacho* auf der *torta*, angerichtet auf einem Teller, serviert; ferner werden *torta* und Fleischgericht getrennt serviert; und zum Schluss die beliebteste Version, bei der die *torta* zerkleinert und mit dem *gazpacho* gemischt angerichtet wird.

Die *gazpachos* wurden traditionell mit Fleisch vom Haar- oder Federwild zubereitet: Kaninchen, Hase, Rebhuhn oder Ringeltaube. Heute werden sie auch mit Geflügel zubereitet. Einige kreative Köche haben sogar *gazpachos* mit Meerestieren, wie Zackenbarsch, Thunfisch, Seeteufel, Tintenfisch, Kaisergranat oder Garnelen, populär gemacht. Die Wildkräuter, die verwendet werden, sind *pebrella* (*Thymus pyperella*), Oregano, Minze und Lorbeerblätter.

In den Dörfern um das Massiv Caroig und in den Alicante-Tälern des Flusses Vinalopó gelten die *gazpachos* als eine echte Attraktion, die zahlreiche Besucher anlockt, um diese althergebrachte Spezialität zu kosten.

Beim Verzehr eines authentischen *gazpacho* im legendären Mesón El Viscayo, in Castalla. Rechts: *torta* mit *gazpacho.*

La Albufera: Jagd und Fischfang

Der Naturpark La Albufera ist ein Feuchtökosystem an der Küste – mit See, seichtem Gewässer und Sumpflandschaft-, das sich südlich der Stadt Valencia befindet. Die Flüsse Túria, im Norden, und Xúquer, im Süden, decken den Bedarf an Wasser für die Anbauflächen und stellen die Grenzen des Parks dar, der zudem von zwei natürlichen Höhenzügen des iberischen Gebirges umrahmt ist: die Sierra Perenxissa und die Sierra de Corbera.

Der See von La Albufera ist mit 2.837 Hektar der größte der iberischen Halbinsel. Im Winter werden die Tore der Wasserwege oder künstlichen Kanäle geschlossen und der Park wird überflutet, so dass er als Jagdgebiet und für die Reisaussaat, eine Monokultur, die heute rund 14.000 Hektar einnimmt, 70 % der Albufera-Fläche, genutzt wer-

Oben: Fischer bei der Arbeit. Rechts: idyllischer Ort der valencianischen Albufera im ersten Licht des Morgens

den kann. Eine kleinere Rolle spielt der Anbau von Orangenbäumen und Gemüse.

In früheren Zeiten war die Albufera ein beliebtes Jagdgebiet. Ein Jahr nach Ausweisung als Naturpark, im Jahr 1987, wurde die Jagd am See verboten, ausgenommen von jährlichen Jagdzeiten in den Revieren Sueca, Cullera und Silla. In der Jagdsaison von Ende November bis Mitte Januar finden acht Schusszeiten, jeweils samstags, statt.

Nach der Versteigerung der Jagdgebiete werden Holzfässer (*bocois*) oder Rohrpalisaden aufgestellt, wo sich die Jäger verstecken, wird die Wache organisiert und werden die Zugangswege geschlossen, damit die Vögel nicht gestört werden.

Die Jagdreviere in der Sumpflandschaft erstrecken sich zurzeit über mehr als 13.000 Hektar, von denen 4.000 Hektar die „Jagdgebiete“ sind. Die Tierarten, die in Sueca und Cullera am meisten gejagt werden, sind Spieß- und Kolbenenten. In Silla sind es in erster Linie Blesshühner.

Die Fischereitätigkeit war einst die Haupteinnahmequelle der Region, bis im 18. Jahrhundert die Landwirtschaft, im Wesentlichen durch die Verlandung des Sees zur Gewinnung von Anbauflächen für den Reis, an Bedeutung zunahm und die Erträge aus dem Fischfang abschwächte.

Bis vor einigen Jahrzehnten hatten Aale und Wolfsbarsche die größte Bedeutung in der

Zwei Momente beim Aalfang.

lokalen Wirtschaft. Der Aal ist die Hauptzutat in einem der begehrtesten Gerichte der regionalen Küche - dem *all i pebre*. Besonders geschätzt werden die Blankaale mit weißem Bauch und bläulich gefärbtem Rücken, die das zarteste Fleisch haben.

Meeräschen und Karpfen sind heute allerdings sehr viel mehr verbreitet. Weitere bedeutende Arten sind die Süßwassergarnele *gavatxa* (*Dugastella valentina*), eine endemische Garnelenart der Valencianischen Region, und die kleine Garnele (*Palaemonetes zariquieyi*). Der Rote Amerikanische Flusskrebs, verhasst wegen der in Reisfeldern und bei anderen endemischen Arten verursachten Schäden, wurde in den siebziger Jahren ausgesetzt und künstlich gehalten.

Zu den bedrohten Fischzuchtarten zählen der Valenciakärpfling oder *samaruc* (*Valencia hispanica*), der Spanienkärpfling (*Aphanius iberus*) und der Steinbeißer (*Cobitis paludica*).

Die Orte im valencianischen Naturpark Albufera gehören zu vier Landkreisen: Ribera Alta, Ribera Baja, Huerta Sur und Stadt Valencia.

Als gastronomische Kuriosität ist die Wasserratte bzw. *talpó* zu erwähnen, die einstmals wegen ihrer kulinarischen Vorzüge sehr geschätzt wurde. So können wir in dem interessanten Roman „Sumpffieber“ (*Cañas y Barro*) von Vicente Blasco Ibáñez nachlesen: „Die Ratten im Sumpf fraßen nur Reis, ein Prinzengericht. Man musste sie sich nur auf dem Markt von Sueca anschauen (...) Die Reichen kauften sie; die Aristokratie der Ortschaften der Ribera aßen nichts anderes.“ Durch den Einsatz von Pflanzenschutzmitteln auf den Reisfeldern wird heute vom Verzehr abgeraten.

Die Biodiversität und die ökologische Bedeutung dieser großartigen Naturlandschaft sind durch verschiedene Faktoren ernsthaft bedroht. Die Interessen und Auffassungen der verschiedenen, mit dem Naturpark verbundenen Gruppen sind zahlreich und gehen hin und wieder auseinander. Diverse Vereinigungen arbeiten sehr ernsthaft daran, durch Dialoge eine Annäherung der unterschiedlichen Standpunkte herbeizuführen und dabei politische Entscheidungen über den Natur- und Umweltschutz zu unterstützen.

Links: Rückkehr vom Fischen.
Rechts: die Gräben und Kanäle für die Bewässerung von Gemüsegärten und Reisfeldern.

1

2

3

4

Süße Versuchungen

1 *Pastel de Gloria*
Der Kuchenboden, eine knusprige Oblate pan de ángel („Engelsbrot"), überzogen mit einer Eigelbschicht, heißt „infierno" (Hölle), und bildet die Unterlage für den leichten Baiser in Form eines Kegels, der Richtung Himmel zeigt, der selbstverständlich die „gloria" (Herrlichkeit) darstellt. Für den Kuchen gibt es auch profanere Namen wie „teta de vaca" („Kuheuter") oder „tetilla de monja" („Nonnenbrüstchen"). Die Gloria-Teilchen in Xixona sind kleine Marzipankugeln gefüllt mit Süßkartoffeln und überzogen mit Puderzucker.

2 *Toñas*
Der gleiche Teig für ähnliche Rezepte mit unterschiedlichen Bezeichnungen: *toñas*, *panquemaos*, *panous, micos, cócs, fogassas, manojoias*Ö Das Geheimnis besteht darin, den Teig stundenlang ruhen zu lassen, damit er langsam gärt und die für die Brioche so typische lockere Konsistenz erhält. Die toñas sind in der Osterwoche und für die Zubereitung der „monas" (Osterkuchen) typische Spezialitäten in diversen Landkreisen.

3 *Oropesinas*
Oropesinas sind eine auf Mandeln basierende Kreation der Konditoren Ismael Requena und Bruno Forner, um Oropesa, in den 80er Jahren, touristisch attraktiv zu machen. Die vom traditionellen Gebäck der Region inspirierten oropesinas haben sich zu einem wahren gastronomischen Renner der Gemeinde entwickelt.

4 *Monas*
Der Ursprung der mona de Pascua (Osterkuchen) könnte in den römischen Riten liegen, die mit Beginn des Frühlings zu Ehren der Göttin Ceres abgehalten wurden. Die mona ist ein süßes, als Kranz oder länglich geformtes Gebäck, das mit Zucker bestreut und mit einem

5

6

7

8

5 6 7

hart gekochten Ei in der Mitte versehen wird. Das Ei stellt das Symbol für das Leben dar, das nach dem Winter wieder aufblüht. Monas werden auf Ausflügen an Ostersonntag und -montag und zum Patronatsfest zu Ehren von San Vicente Ferrer auf das Land und auf der Wallfahrt nach Santa Faz verspeist.

5 *Arrop und tallaetes*

Für den *arrop* wird Weintraubenmost eingekocht, bis eine Art dunkler, dickflüssiger Sirup entsteht. Die *tallaetes* sind kleine Scheiben vom Kürbis, werden aber auch gerne mit Pflaumen, Pfirsichen und sogar aus feinen Streifen von der weißen Haut der Wassermelonen zubereitet.

6 *Buñuelos*

Wenn die fallas (Volksfest) stattfinden, riecht ganz Valencia nach Schießpulver und *buñuelos* (Krapfen). Die Stadt füllt sich mit Straßenständen, wo *buñuelos* mit Kürbis, Feigen oder de viento (Art Windbeutel) im Freien frittiert und verkauft werden.

Die Tradition der *buñuelos* ist in der ganzen Valencianischen Gemeinschaft sehr verbreitet und so mancher meint: „Kein Fest ohne *bunyols*“.

7 ***Flaons de brull***
Flaons de brull sind gefüllte süße Teigtaschen aus einem mit Anis aromatisierten Teig, gefüllt mit einer Mischung aus Frischkäse, gemahlenen Mandeln und Zimt. Sie werden goldgelb gebacken und reichlich mit einer Mischung aus Zucker und Zimt bestreut. Zum Versüßen eines Besuchs der Dörfer in Els Ports und ganz besonders von Morella sind sie ein Muss.

8 ***Almoixàvena***
Moixavena, monjávena, almoixavena. almojábanaÖ - es gibt so viele Namen wie Varianten dieses typischen Rezepts arabischer Herkunft.
Eine unersetzliche Zutat ist der Schweineschmalz, der ohne jeden Zweifel der christliche Beitrag ist, der niemals im Originalrezept vorkommen konnteÖ
Diese Süßspeise ist in der Fastenzeit und an Allerheiligen typisch in Xàtiva und Ontinyent.

9 ***Arnadí***
Der arnadí ist eigentlich eine typische Ostersüßspeise, kann aber inzwischen zu jeder Jahreszeit verspeist werden. Er hat wie so viele andere Backspezialitäten der Valencianischen Gemeinschaft einen arabischen Ursprung. Er wird mit Kürbis oder Süßkartoffeln oder mit beidem zusammen zubereitet. Die Garnierung erfolgt mit geschälten Mandeln, kann aber je nach Geschmack des jeweiligen Kochs sehr unterschiedlich ausfallen.

10 ***Fartons***
In den 60er Jahren ließ sich die Familie Polo in Alboraya nieder, die beschloss, ein neues Produkt zu kreieren, das durch seine besondere Konsistenz, wodurch das Gebäck Flüssigkeit aufsaugt, ohne zu brechen, in horchata (Erdmandelmilch) eingetunkt werden kann. So entstanden die heute so beliebten *fartons*. Das etwas länglich geformte, mit Zuckerguss überzogene Gebäck ist ideal, um in horchata oder in ein sonstiges warmes Getränk wie heiße Schokolade oder Milchkaffee getunkt zu werden.

9

10

Turrón aus Xixona und Alicante

Der *turrón* ist ein Nougatkonfekt arabischer Herkunft. Von der Herstellung des *turrón* im 16. Jahrhundert in der Stadt Sexona und später in Xixona bzw. Xixona sind historische Überlieferungen erhalten geblieben.

Die weite Verbreitung des *turrón* erfolgte nach dem Bürgerkrieg, als republikanische Arbeiter aus Alicante nach ganz Spanien auswanderten und dort zahlreiche Eisdielen und *turronerías* (Turrón-Läden) eröffneten.

Die *Marcona*-Mandel ist neben einigen anderen, vom Kontrollrat zugelassenen Mandelsorten, wie *valencia*, *mallorca*, *mollar*, *planeta* und *llargueta*, die einzig wahre Grundzutat des *turrón*. In der Industrie werden auch gerne andere Mandelsorte mit unterschiedlicher Herkunft, die weniger Geschmack aufweisen, verwendet.

Der eingesetzte Honig darf nur ein reiner Bienenhonig aus Alicante, Valencia oder Castellón und zwar der Honigsorten Blüten-, Rosmarin- oder Orangenblütenhonig oder einer Honigsorte, die aus einer einzigen Trachtpflanze stammt, sein.

Der Kontrollrat garantiert einen Mindestanteil von 10 % reinem Bienenhonig und 52 % Mandeln für den *turró* aus Xixona und 46 % für den aus Alicante.

Die *turrones*, die auf die althergebrachte Rezeptur zurückgehen, sind die aus Xixona und Alicante und die *tortas de Alicante*.

Das mit der Ursprungsbezeichnung Xixona und Turrón de Alicante ausgezeichnete Nougatkonfekt ist mit zwei verschiedenen Etiketten erhältlich, mit denen je nach Mandelanteil in der Zubereitung die Qualitäten Suprema (golden) und Extra (silberfarben) unterschieden werden: 64 % bzw. 50 % für Xixona und 60 % bzw. 46 % für den Turrón de Alicante.

Da es sich um ein sehr saisongebundenes Produkt handelt, beschäftigen sich die Arbeiter aus Xixona im verbleibenden Jahr mit anderen gastronomischen Erzeugnissen, generell mit Speiseeis, *peladillas*, eingelegtem Obst oder Süßspeisen, wie *pasteles de Gloria*, Eigelbkonfekt, *panes de Cádiz*, Marzipangebäck und *polvorones* (Schmalzgebäck).

1 3 2

Turrón de Xixona

Die handwerkliche Herstellung des Nougatkonfekts erfolgt nach der gleichen Weise, wie sie traditionell seit Jahrhunderten praktiziert wird.

1

2

1 Die Nougatmasse erhält man, indem man den Honig zusammen mit geschälten und gerösteten Mandeln, Zucker und Eiweiß kocht. In den Rührtanks oder malaxadoras wird der Honig mit dem Zucker und dem Eiweiß erhitzt. Diese Masse wird vom melero, dem Turrón-Meister, beaufsichtigt, der über die richtige Konsistenz entscheidet, sobald Fäden gezogen oder Kugeln geformt werden können. Dann werden die Mandeln, bereits geschält und geröstet, zugegeben und mit Hilfe von Holzspateln (punxes), die wie Ruder geformt sind, in die Masse eingerührt. **2 und 3** Die Masse wird ausgebreitet,

3

4

5

4

um sie abkühlen zu lassen. Dann wird sie in Mahlanlagen gemahlen.

4 Die sich ergebende Masse durchläuft noch eine Feinmühle, um eine optimale Textur

5 Nach dieser Prozedur erfolgt ein zweiter Kochvorgang für mindestens 150 Minuten in einem Behälter namens boixet.

6 und 7 Der letzte Vorgang ist der arrematamiento. Die Masse wird noch heiß in die Formen gefüllt, wo sie dann vor dem Schneiden und Verpacken für mindestens 48 Stunden ruhen muss.

567

6

7

Turrón de Alicante

Die Herstellung des *turrón de Alicante* verläuft ähnlich, allerdings wird zum Schluss noch flüssiges Eiweiß zugegossen.

1 2

1 und 2 Der Prozess beginnt in gleicher Weise wie beim *turrón de Xixona*. In einer Rühranlage namens *mecánica*, mit einer Kapazität von 50 bis 60 kg, wird auf sehr kleiner Hitze eine Mischung aus Zucker und Honig geköchelt. Die geschälten Mandeln werden in sich drehenden Trommeln (*tostadores*), die sehr stark erhitzt werden, geröstet und dann wird die Masse zugegeben. Danach kommt für die weißliche Färbung das verdünnte Eiweiß hinzu, bis durch Verdunstung die richtige Konsistenz (*punto de bola*) erreicht wird.

2

1

3

4

345

3 Die Masse wird mit den *punxes* (wie ein Ruder geformte Spatel) per Hand umgerührt, um eine homogene Masse zu erhalten.

4 und 5 Noch im warmen Zustand wird die Masse abgewogen und in Formen, die mit Oblaten ausgelegt sind und die rund 6 kg aufnehmen können, gefüllt.

5

Land der Speiseeishersteller

Gegen Ende des 19. Jahrhunderts begannen zahlreiche Speiseeishersteller aus den Alicante-Ortschaften Ibi und Xixona in die großen Städte des Landes zu ziehen, um im Sommer ihren Speiseeis und zur Weihnachtszeit *turrón* zu verkaufen. Im zweiten Jahrzehnt des 20. Jahrhunderts gab es noch mehr Herausforderungen zu meistern: Viele Familien beschlossen, den großen Teich zu überqueren, um sich mit ihrem Geschäft in Kuba, Argentinien oder Mexiko niederzulassen. Andere gingen wiederrum nach den Kanarischen Inseln, Marokko und Algerien.

Nach dem spanischen Bürgerkrieg brach ein Unglück über diese Diaspora herein: Jene Speiseeishersteller, die auf der republikanischen Seite gekämpft hatten und denen nun eine Gefängnis- oder Todesstrafe drohte, fanden in ihrem ambulanten Gewerbe einen Vorwand, die Ortschaften, wo sie leicht entdeckt werden konnten, nicht mehr zu besuchen.

Im Jahr 1958 wurden in Bezug auf Speiseeis die ersten gesundheitsrechtlichen Vorschriften herausgebracht und viele Familien begannen, sich fest an einem Ort niederzulassen, um im Einklang mit den Anforderungen der neuen Bestimmungen arbeiten zu können. Eine Vielzahl an Geschäften, die in jenen Jahren in ganz Spanien eröffnet wurden, ist auch heute noch in Betrieb.

Die Familien aus Ibi und Xixona treffen sich nach Weihnachten und bleiben zusammen, bis sie im März wieder ihre Eisdielen öffnen. Daher finden hier die Mauren-und-Christen-Feste im Februar statt, auf denen die Eisdielen prächtig herausgeputzt und die Eisverkäufer in den typischen regionalen Trachten der jeweiligen Gegend gekleidet im vollen Glanz erstrahlen.

Das in den Alicante-Ortschaften Ibi und Xixona hergestellte Speiseeis genießt in ganz Spanien einen erstklassigen Ruf.

Erdmandeln und *horchata*

Nach gastronomischen Legenden der Region wurden tausendjährige Amphoren gefüllt mit Erdmandeln in den Grabstätten ägyptischer Pharaonen gefunden, so begeistert waren die alten Zivilisationen von dieser kleinen fleischigen Knolle, der wunderkräftige Eigenschaften zugeschrieben wurden. Zweifelsohne gilt die *horchata* (Erdmandelmilch) auch weiterhin als ein Wundermittel, das jedes Übel vertreibt, wenn man sie schön kalt an einem heißen Sommertag trinkt.

Die Erdmandeln sind unterirdische, an den Wurzeln wachsende knollige Verdickungen einer Gattung der Zypergräser, eines Sauergrasgewächses namens *cotufa*. Ihr wissenschaftlicher Name ist *Cyperus esculentus*. Die Pflanze kann eine Höhe von 40 cm erreichen.

Die Erdmandel ist der essbare Teil und kann roh, gegart oder als Mehl verzehrt werden. Neben der Verwendung zur Herstellung der köstlichen *horchata* kann aus den Erdmandeln ein hochwertiges Öl gewonnen werden.

Im 7. Jahrhundert wurde der Erdmandelanbau von den Arabern im Mittelmeerraum eingeführt. Die Erdmandel mit der Ursprungsbezeichnung Valencia wird heute in sechzehn Ortschaften des Landkreises L'Horta del Nord angebaut. Hier werden jährlich rund 5,3 Millionen Kilogramm produziert, von denen 90 % unter dem Schutz der Ursprungsbezeichnung stehen. Ein Klima mit viel Feuchtigkeit und hoher Durchschnittstemperatur und die ebenen, lockeren Böden mit gutem Wasserabfluss, kaum höher als der Meeresspiegel, sind die idealen Bedingungen dieser Region für den Anbau.

Je nach dem Zeitpunkt der letzten Ernte wird die Erdmandel zwischen April und Mai gepflanzt.

Wenn die Pflanze vollkommen trocken und versengt ist – zwischen November und Januar-,

Horchata mit *fartons*.
Rechts: saubere und getrocknete Erdmandeln.

wird die Ernte mit dem Mähdrescher eingefahren. Dann erfolgt ein Waschvorgang, bei dem Verunreinigungen entfernt werden. Danach werden die Knollen in Schichten von 10 - 20 cm ausgebreitet und ein- bis zweimal am Tag gewendet, damit sie in rund drei Monaten vollkommen trocken sind. Danach werden sie ausgelesen und erneut gereinigt. Die bereits sauberen und trocknen Erdmandeln werden vor dem Verpacken nach ihrer Größe sortiert.

Ausleseprozess der Erdmandeln vor dem Verpacken, um letzte Verunreinigungen zu entfernen und nach Größe zu sortieren.

Die häufigsten Erdmandelsorten sind entweder rundlich oder länglich, in Valencia als *llargueta* (länglich) bzw. *armela* (rundlich) bekannt.

Um eine gute *horchata* herzustellen, benötigen wir 500 g Erdmandeln, 200 g dunklen Zucker, eine Zimtstange, die Schale einer kleinen Zitrone und zwei Liter Wasser. Die Erdmandeln müssen vorher 12 Stunden in Wasser eingeweicht werden (bei längerer Zeit nimmt der Geschmack ab). Danach die Erdmandeln waschen, abtropfen lassen und mit den zwei Litern Wasser mit dem Pürierstab oder in einer Küchenmaschine zerkleinern. Die Mischung in einen Behälter geben, den Zucker, den Zimt und die Zitronenschale zugeben und ungefähr 4 Stunden ziehen lassen. Nach dieser Zeit die Mischung durch einen mit einem Tuch ausgelegten Sieb passieren und gut ausdrücken.

Der sich ergebende Saft ist die *horchata*, die wir zum Kühlen in den Kühlschrank stellen. Dabei jede Stunde einmal umrühren, damit sie sich nicht verfestigt. Wenn die *horchata* serviert werden soll, empfehlen wir als Beigabe die typischen *fartons*, ein längliches Gebäck mit Zuckerglasur, die die Verköstigung zu einem wunderbaren Geschmackerlebnis machen.

Die Trocknung der Erdmandeln erfolgt für eine Zeit von drei Monaten in *cambres*. Jeden Tag werden die Erdmandeln gewendet.

Weine und Liköre: tausendjährige Tradition

Durch alte neolithische Fundstätten liegen Belege vor, dass es Weintrauben seit dem frühesten Altertum in der östlichen Mittelmeerregion gegeben hat. Die Phönizier entwickelten die Rebsorte Muscat d'Alexandrie, die sich hervorragend in der Region Alicantes anpassen sollte. Der Wein aus Sagunto, der sich im Mittelalter großer Beliebtheit erfreute, wurde bereits im 1. Jahrhundert v. Chr. in Texten von Juvenal und Martial überliefert.

Die Modernisierung der Weinkellereien, die Anpassung neuer Rebsorten und die Wiedereinführung einheimischer Reben definieren eine Branche in ständiger Entwicklung.

Die Römer entwickelten parallel eine Industrie zur Herstellung der erforderlichen Amphoren für den Export und den Handel mit Wein im Mittelmeerraum, indem sie die günstige Lage nutzten, die ihnen die wichtigen Seehäfen boten.

Die Mitte des 19. Jahrhunderts aufeinanderfolgenden Reblauskatastrophen in Frankreich bewirkte eine vermehrte Produktion von offenen Weinen. In den siebziger und achtziger Jahren des 20. Jahrhunderts wurden vom Hafen Valencias Millionen von Litern offener Weine exportiert, die nicht nur in der Valencianischen Gemeinschaft, sondern auch in Katalonien, Murcia, Castilla und Aragon produziert wurden.

Die Krise des Marktes für offene Weine und der Aufschwung der Weine aus der Neuen Welt waren ein bedeutender Auslöser, der als Startschuss für die Erneuerung und Modernisierung des Sektors galt. Mit Blick auf die internationalen Märkte gerichtet, wo zu damaliger Zeit die sortenreinen Weine triumphierten, begann man, die weltweit berühmtesten Traubensorten (Cabernet Sauvignon, Merlot, Chardonnay...) bzw. bekannte spanische Sorten (Tempranillo, Macabeo...) einzuführen. Im Laufe der Zeit kehrte man wieder zu den einheimischen Rebsorten (Monastrell, Bobal...) zurück und andere Sorten, die praktisch in Vergessenheit geraten waren (Tardana, Mandó...), wurden wieder neu entdeckt.

mestizaje

Oben: bei der Ernte.
Rechts: Ausschnitt von den in Utiel traditionell verwendeten Karren für den Transport der Weintrauben und der Weintrinkbeutel.

Bedeutende Investitionen gingen in die Modernisierung der Weinkellereien und die Ergebnisse ließen nicht lange auf sich warten.

Das Weinanbaugebiet der Valencianischen Gemeinschaft erstreckt sich über ein weites Land mit großer Vielfalt an klimatischen Verhältnissen, Böden und Rebsorten.

Die Ursprungsbezeichnung Valencia unterteilt sich in vier Untergruppen: Alto Turia, Clariano, Moscatel de Valencia und Valentino. Hier werden durch die ausgezeichnete geografische Lage und das milde Klima die farbenkräftigsten Rotweine des gesamten Osten Spaniens produziert. Ferner werden Weiß- und Roséweine, Schaumliköre, aromatische Schaumweine und Firneweine hergestellt.

Einige der großen Produzenten, die einstmals ihre Standorte in der Nähe des Hafens hatten, verlagerten in den Jahren der Umstrukturierung der Stadt ihre Produktionsstätten ins Inland und ließen neue moderne Anlage in der Nähe der Weinberge errichten.

Das größte Weinanbaugebiet der Valencianischen Gemeinschaft zählt zur Ursprungsbezeichnung Utiel-Requena. Geografisch befindet es sich zwischen den beiden Flüssen südöstlich Valencias, Turia und Cabriel, und weist ein recht sanftes Relief mit niedrigen Berghängen und sehr kalkhaltigen Böden auf. Im Schutze der Ursprungsbezeichnung stehen die in den Gemeindebezirken Camporrobles, Caudete de Las Fuentes, Fuenterrobles, Requena, Siete Aguas, Sinarcas, Utiel, Venta del Moro und Villargordo del Cabriel produzierten Weine. In der Region herrscht ein kontinentales Klima vor mit kurzen trocknen Sommern und sehr langen kalten Wintern, in denen ab und an extreme Temperaturen erreicht werden.

Die rote Bobal ist mit Abstand die am meisten angebaute Rebsorte der Region. Seit dem 15. Jahrhundert ist sie als heimische Traubensorte überliefert. Als die Reblaus Mitte des 19. Jahrhunderts die europäischen Weinberge verwüstete, erlebte der lokale Weinbau einen enormen Aufschwung, um die ausländischen Märkte zu bedienen. Tatsächlich bewiesen die Rebstöcke der Bobal-Sorte eine hohe Resistenz gegenüber dem Parasiten und konnten mit amerikanischen Unterlagsreben wieder gepflanzt werden.

Es gibt noch zahlreiche unterirdische antike Weinkeller, die aus der Zeit vor der christlichen Besetzung stammen und die traditionell für die Weinlagerung verwendet wurden. Gegenwärtig sind die bedeutenden Investitionen in neue Kellereien, die mit modernsten Einrichtungen ausgestattet sind, zu erwähnen.

Die geschützte Ursprungsbezeichnung El Terrerazo bedeutet die Anerkennung als erster Vino de Pago (Qualitätswein) des Mittelmeerraumes, der auf diesem Weingut in Utiel produziert wird.

Die althergebrachte Weintradition der Provinz Alicante erlebte im 16. und 17. Jahrhundert ihre Blütezeit. Nach einer langen dunklen Periode für den Anbau von Qualitätsweinen, die mit der muslimischen Besetzung und den darauffolgenden Jahren der Rückeroberung zusammenfiel, wurde die Weinproduktion durch einen königlichen Erlass gerettet, der die Einfuhr in Alicante von Weinen, die in anderen Regionen hergestellt wurden, und die Abfertigung von anderen als Alicante-Weinen im Hafen der Stadt verbot. Englische, flämische und schwedische Händler importierten den Wein der Provinz und Stadt Monóvar, die aufgrund des geschätzten *fondillón* berühmt war. Die Preise des Alicante-Weins übertrafen im 19. Jahrhundert die von Jerez oder Porto um das Vier- bis Sechsfache. Die Situation änderte sich mit dem Reblausbefall, der diese Weinberge besonders stark betraf.

Das Anbaugebiet mit der Ursprungsbezeichnung unterteilt sich in zwei grundverschiedene

Der *fondillón* wird ausschließlich mit Trauben der Rebsorte Monastrell in den Alicante-Landkreisen Alto Vinalopó und Medio Vinalopó hergestellt.

Areale. Einerseits haben wir die Uferregion des Flusses Vinalopó, die sich hinter der Stadt Alicante ausdehnt. Die stark verbreitete Monastrell-Traube teilt sich diese Gegend mit anderen neuen Rebsorten. Das Gebiet der Marina ist andererseits sehr viel kleiner und durch seine Lage an der Nordküste, wo ein warmes und feuchtes Klima vorherrscht, ideal für die Muskateller-Traube. Diese Rebsorte, ebenfalls Muscat d'Alexandrie, Moscatel Romano oder Moscatel de Alicante genannt, wird sowohl als Tafeltraube als auch für die Herstellung von Süßweinen äußerst geschätzt.

Der *fondillón* ist ein generell trockner oder halbtrockner Edelwein mit 16 bis 18 % Volumenprozent, der für einen Zeitraum, der zwischen zehn und zwanzig Jahren schwanken kann, in alten Eichenfässern reift. Er wird aus den Trauben der Monastrell-Rebsorte erzeugt, die durch die Überreifung an der Rebe einen höheren Alkoholgehalt erreichen, mit einer roten Färbung zu Beginn und bernsteinfarben nach dem Ausbau.

Bei der Flaschenabfüllung wird ein Teil von jedem Fass in den nächsten umgefüllt, wo der

alte mit jungem Wein vermischt wird. Dieses Verfahren wird *escala de soleras* genannt.

Der Herzog Saint-Simon erzählt in seinen Memoiren, dass der Sonnenkönig Ludwig XIV. von Frankreich eine Schwäche für in *fondillón* getunktes Biskuitgebäck hatte. Der Süßwein findet ebenso Erwähnung in dem Roman „Der Graf von Monte Christo" von Alexandre Dumas. Der Graf bat Maquis Cavalcanti, einen Kenner der besten Weine, zwischen einem Sherry, einem Portwein und einem *fondillón* zu wählen. Der Marquis antwortete, dass er den *fondillón* aus Alicante bevorzuge.

Die Provinz Castellón entwickelte ebenfalls eine bedeutende Weintradition. Allerdings wurde Anfang der achtziger Jahre eine enorme Weinanbaufläche vorwiegend durch den Anbau von Zitrusfrüchten ersetzt. Das Produktionsgebiet erstreckt sich über Alto Palancia-Alto Mijares, Sant Mateu und Les Useres-Vilafamés.

Ein eigenes Kapitel verdient die Herstellung von Branntweinen und Likören, die tief in der Valencianischen Gemeinschaft verwurzelt ist. Aus Alicante sind der Cantueso und der Herbero aus Sierra de Mariola, die mit Wild- oder Heilkräutern hergestellt werden, der Aperitivo-Café aus Alcoy und der Anís Paloma aus Monforte del Cid zu erwähnen. In dem kleinen Dorf Xert, im Maestrazgo, finden wir den Cognac und die Liköre der handwerklich betriebenen Destillerie von Julián Segarra. In Benicàssim ist typisch der Licor Carmelitano, der vor mehr als hundert Jahren von den Karmelitermönchen in den Kellern des alten Klosters Desierto de las Palmas erfunden wurde. Neueren Datums sind der italienisch inspirierte Arancello und der Licor de Horchata de Chufa aus Valencia.

Die Tradition der Herstellung von Branntweinen und Likören ist tief in der Valencianischen Gemeinschaft verwurzelt.

Licor

1

2

Weitere Produkte

1 2 3

1 Olivenöl
Einstmals waren weite Gebiete der Valencianischen Gemeinschaft von Olivenhainen bedeckt und seit Jahrhunderten genießt das gewonnene Olivenöl hohes Ansehen. Das Native Olivenöl Extra mit der Ursprungsbezeichnung Aceite de Oliva de la Comunitat Valenciana wird mit einheimischen Olivensorten hergestellt, von denen es einige an keinem anderen Ort des Landes gibt: Manzanilla Villalonga, Blanqueta, Farga, Serrana de Espadán, Morruda, Cornicabra, Alfafara bzw. Grosal, Changlot Real, Rojal, Canetera, Nana, Arbequina, Empeltre, Cuquillo, Sollana, Callosina, Llumeta, Millarenca und Borriolenca. Die Ursprungsbezeichnung umfasst acht Unterareale: Maestrat, Plana Alta-Alacatén, Sierras de Espadán und Calderona, Serranías de Turia-Ribera del Magro, Utiel-Requena-Valle de Ayora, Macizo del Caroig-Vall de Albaida, Montaña de Alicante und Vinalopó.

2 La Vila Joiosa und die Schokolade
Ein aus Italien stammender Chocolatier, der von den napoleonischen Truppen nach La Vila Joiosa flüchtete, führte im Jahr 1810 die

Kunst der Schokoladenherstellung in der Ortschaft ein. Das Handwerk des Chocolatiers und die Schokoladenherstellung verbreiteten sich und weitere Familien gründeten ihre eigenen Schokoladenmanufakturen. In der zweiten Hälfte des 19. Jahrhunderts wurden für die Schokoladenherstellung manuell betriebene Mühlen und die ersten mechanischen Verfahren eingesetzt.
Um einen Einblick über die Geschichte und die Herstellung von Schokolade zu erhalten, sind im Schokoladenmuseum des Herstellers Valor alte Maschinen und Utensilien ausgestellt.
Im August findet die gastronomische Veranstaltung *Xocolatissima* mit zahlreichen Verköstigungen, Aktivitäten und Besichtigungen in den drei Schokoladenfabriken in La Vila Joiosa statt.

3

3 Safran

Safran gilt als der unbestrittene König unter den Gewürzen. In der Küche der Valencianischen Gemeinschaft und vor allem für die Zubereitung zahlreicher Schmor-, Reis- und Nudelgerichte ist er eine unentbehrliche Zutat. Seit Mitte des 19. Jahrhunderts, mit der Öffnung des Suezkanals, wird Safran aus der Gemeinde Novelda im alicantischen Vinalopó Medio in die ganze Welt exportiert. Früher stammte der hier vermarktete Safran aus den Anbaugebieten anderer Regionen wie La Mancha y Aragón. Um Safran von guter Qualität zu erkennen, muss man darauf achten, dass die Safranfäden eine einheitliche Farbe haben, insbesondere dürfen sie keine strohgelbe Färbung aufweisen, die leicht vom Rot ins Gelbliche geht.

4

5

4 5

4 Gewürzkräuter
Der Ursprung der Verwendung von Wild- und Gewürzkräutern in den Bergen der Valencianischen Gemeinschaft verliert sich im Dunkel der Vergangenheit. Viele dieser Kräuter wurden für heilende oder aromatisierende Zwecke in der Küche eingesetzt.

Die Gegend der Sierra de Mariola, im Norden der Provinz Alicante, liefert zahlreiche Gewürzkräuter, mit denen der beliebte regionale Likör Herbero de Cantueso hergestellt wird. Zu den Zutaten zählen Salbei, Kamille, Polei-Minze, Zitronenverbene, Benediktenkraut, Pfefferminze, Katzenschwanz, Herakles-Ziest, Fenchel, Anis, Melisse, Odermennige, Bohnenkräuter, Gamander, Ackerkraut, Thymian, Diptam und Cantueso-Kraut (*Thymus moroderi*). Einige Firmen und Agrargenossenschaften haben damit begonnen, für den Handel diverse Kräuter biologisch anzubauen.

5 Schnecken
Vaquetes, xonetes, moros, avellanencsÖ - Schnecken erwecken bei den Valencianern eine wahre Leidenschaft, um die eine tief verwurzelte Kultur entstanden ist. Nach einem regnerischen Morgen in die Berge gehen, um Schnecken zu sammeln, ist ein geschätzter Zeitvertreib, der sich nur noch damit vergleichen lässt, wenn sie in den typischen *caragolás* im Beisammensein mit Freunden genießerisch verzehrt werden. Schnecken sind in zahlreichen traditionellen Schmorgerichten wie *tombets*, Reisgerichten und Paellas eine oft verwendete Zutat. Ein kurioses Rezept ist das Schneckengericht

6 7

barraqueta del Nano, das mit Knoblauch, Kräutern, Weißwein und gehackten Anschovis zubereitet wird. Es ist nach einem volkstümlichen Schwank, geschrieben 1921 von Paco Barchino, benannt.

6 Honig

Die Imkerei ist von jeher eine traditionelle Tätigkeit. Die so variantenreichen Blüten in den Berg- und Gebirgsregionen und die Nähe zu den diversen Obsthainen bringen köstlichen reinen Bienenhonig diverser Sorten hervor. Ferner ist Honig in vielen traditionellen Süßspeisen, einschließlich turrón, eine unentbehrliche Zutat. Mit einer Produktion, die rund ein Viertel der spanischen Gesamtproduktion ausmacht, ist die Valencianische Gemeinschaft der größte Honigproduzent des Landes. Die typischsten Honigsorten sind Rosmarin-, Orangenblüten- und Zitronenhonig. Mandel-, Thymian-, Lavendel-, Wundklee-, Sonnenblumen-, Cantueso- (*Thymus moroderi*), Heidekraut-, Blüten-, Anis-, Apfel- und Mispelhonig runden das Sortiment ab.

7 Rosinen

Der Handel mit Rosinen der Muskatellertraube hatte einst einen bedeutenden wirtschaftlichen Stellenwert, vor allem im Landkreis La Marina Alta. Die Weintrauben wurden entweder direkt in der Sonne getrocknet, um die ìpasa virgenî („unberührte Rosine") zu erhalten, oder sie wurden vor dem Trocknen kurz, für wenige Sekunden, in einem Kessel mit kochendem Wasser, Ätznatron und Kräutern abgebrüht, wodurch die ìpasas escaldadasî („abgebrühten Rosinen") Farbe annahmen. Dann wurden sie auf Rohrgeflechten in den *riu-raus*, typischen Bauten der Gegend mit überdachten Veranden und großen Arkaden Richtung Osten oder Süden, ausgebreitet. Mit Exporten überwiegend nach England und in die Vereinigten Staaten, ab dem Hafen Dénias, erlangten diese Rosinen weltweit an Bedeutung. Der Reblausbefall und später die Konkurrenz durch die kernlosen griechischen Korinthen führten zum Niedergang des Sektors.

6

7

01

Reisgerichte

arròs amb fesols i naps

Reis mit Rüben und Bohnen

für 4-6 Personen

* 300 g Reis D.O. Valencia * 200 g weiße Bohnen * 6 kleine Rüben * 400 g Kalbshachse * 1 Schweinsfuß und 1 Schweineohr * 150 g Schweinerippchen * 2 *morcillas* mit Zwiebeln (Blutwurst) * 2 *blanquets* (grobe Weißwürste) * 1 reife Tomate * 1 Teelöffel Paprika * 2 Safranfäden * Salz

1. Die Bohnen am Vortag in Wasser einweichen. In einem Topf die Bohnen zusammen mit den Schweinerippchen, dem Schweinsohr und –fuß mit kaltem Wasser abdecken und bei mittlerer Hitze garen. Etwa 2 Stunden kochen oder so lange, bis die Bohnen weich sind. Wenn die Hälfte der Kochzeit um ist, mit Salz würzen und die in Stücke geschnittenen Rüben, die *blanquets* und die *morcillas* hinzugeben.
2. In der Zwischenzeit in einer Pfanne mit zwei Löffel Öl die gehäutete und in Stücke geschnittene Tomate anbraten. Mit einer Prise Salz, Paprika und Safran würzen.
3. Wenn die Bohnen gar sind, alle Zutaten außer den Bohnen herausnehmen und in Stücke schneiden.
4. Die angebratene Tomate und den Reis zugeben und das in Stücke geschnittene Fleisch und die Rüben wieder hinzufügen. Weitere 18 Minuten köcheln lassen. Es sollte eine cremige Konsistenz haben. Etwas ruhen lassen und servieren.

Dieses deftige, winterliche Reisgericht ist auch unter dem Namen „*caldera*“ bekannt. Ebenso kann etwas Distelgemüse dazugegeben werden, das vorher in einem separaten Topf in kochendem Salzwasser gegart wird. Andere Varianten enthalten außerdem Pastinaken, Sellerie, Karotten (*carlotes*) oder Speiserüben (*napicol*).

arròs caldós amb conill, esclata-sangs i verdures

Reis in Brühe mit Kaninchen, Reizkern und Gemüse

für 4 Personen

* ½ Kaninchen * 2 Artischocken * ½ rote Paprikaschote * 50 g Erbsen * 200 g Reis * 1 reife Tomate * 1 Zweig Petersilie * 250 g Reizker * 2 Knoblauchzehen * Safran * Olivenöl * Pfeffer * Salz

1. Das Kaninchen in Stücke schneiden. Die Artischocken säubern, dabei den Strunk, die Blattspitzen, das innere Heu und die äußeren Blätter entfernen. Die Artischocken in sechs Stücke schneiden. Die Paprikaschote waschen, abtrocknen, entstielen und entkernen. Die Paprikaschote in Würfel schneiden. Die Tomate häuten und in Stücke schneiden. Den Knoblauch schälen und hacken. Die Petersilie waschen und fein hacken.
2. Die Pilze mit einem sauberen Tuch putzen oder ganz kurz unter den Wasserhahn halten, um sämtliche Erde zu entfernen, und in Stücke schneiden.
3. In einem Topf drei Löffel Öl erhitzen und die Kaninchenstücke von allen Seiten anbraten, bis sie eine schöne goldbraune Farbe annehmen. Die Tomate und die Paprikawürfel hinzugeben und weitere 5 Minuten braten.
4. Die Reizker und den gehackten Knoblauch zugeben, mit Salz und Pfeffer würzen, mit reichlich gehackter Petersilie bestreuen und weitere 5 Minuten braten. Mit Wasser bedecken und zum Kochen bringen.
5. Wenn das Wasser anfängt zu kochen, den Reis, die Artischocken und die Erbsen zugeben. Nochmals abschmecken, Safran zugeben und 18 Minuten bei mittlerer Hitze köcheln lassen. Es sollte eine flüssige Konsistenz haben.

Die Reizker können durch andere frische Pilze der Saison ersetzt werden.

caldero de barca

caldero de barca

für 4 Personen

* 400 g Reis * 400 g Meeraal * 450 g Petermännchen oder sonstiger Klippenfisch * 450 g Himmelsgucker oder sonstiger Klippenfisch * 1 Makrele * 1 Tomate * 2 Ñora-Paprikas * 4 Knoblauchzehen * Safran * Olivenöl * Salz

1. In einem Koch- oder Eisentopf 3 Esslöffel Öl erhitzen und die Ñora-Paprikas, die geschälten Knoblauchzehen und die zerkleinerte Tomate darin anschwitzen. Aus dem Topf nehmen und in einem Mörser zusammen mit etwas Safran und Salz zerstoßen.
2. Im gleichen Öl nach und nach den Fisch mit dem festeren Fleisch (Himmelsgucker, Petermännchen und Meeraal) anbraten, der vorher in dicken Scheiben geschnitten und mit Salz und Pfeffer gewürzt wird. Ebenfalls die Makrele anbraten und beiseitestellen.
3. Den Fisch wieder in den Topf geben (ausgenommen die Makrele), mit Wasser bedecken und 20 Minuten garen lassen. 10 Minuten vor Ende der Garzeit die Makrele zufügen.
4. Den Fisch vorsichtig herausnehmen und in einer Schüssel warm beiseitestellen. Die Brühe durch einen Sieb gießen.
5. In einer Pfanne oder im gleichen Topf den Reis mit 3 Esslöffeln Öl leicht anschwitzen. Die picada aus dem Mörser zufügen, umrühren und die Fischbrühe sehr heiß zugießen. Falls nötig nachsalzen und 18 Minuten garen lassen.
6. Zuerst den Reis servieren und danach die Schüssel mit dem Fisch. Nach Belieben Allioli oder Salmorreta-Sauce dazureichen.

Traditionell wurde auf den Fischerbooten zuerst der Fisch gegessen, damit er nicht kalt wurde, und anschließend wurde der Reis zubereitet.
Diese Fischertöpfe können mit jedem Fisch zubereitet werden. In Villajoyosa und Torrevieja wird gerne Seeteufel, Rochen, Knurrhahn, Tintenfisch oder Krake in die Fischertöpfe gegeben. Die zerstoßene Masse wird oftmals auch mit der Leber eines Fisches zubereitet, die vorher mit den Knoblauchzehen und den Ñora-Paprikas angebraten wird.

arròs brut
Schmutziger Reis

für 4 Personen

* 400 g Reis * 230 g Spinat * 400 g de Babysaubohnen * 4 Artischocken * 125 g Limabohnen * 8 Frühlingsknoblauch * 2 Tomaten * ½ Löffel milder Paprika * ½ Zitrone * Safran * Olivenöl * Pfeffer * Salz

1. Die Artischocken säubern, dabei den Strunk, die Blattspitzen, die äußeren Blätter und das innere Heu entfernen. In sechs Stücke schneiden und in eine Schale mit Wasser und einer ausgedrückten halben Zitrone geben, damit sie sich nicht dunkel verfärben.
2. Den Spinat waschen, die Wurzeln entfernen, unter dem Wasserhahn säubern und abtropfen lassen. Die Saubohnen enthülsen. Frühlingsknoblauch putzen und in Ringe schneiden. Die Tomaten häuten, entkernen und klein hacken.
3. In einem Tontopf vier Löffel Öl erhitzen und 4 Minuten den Frühlingsknoblauch darin anschwitzen. Die gehackten Tomaten, den Spinat, die Artischocken und die Saubohnen zugeben, mit Salz und Pfeffer würzen und weitere 5 Minuten anschwitzen.
4. Die Limabohnen und den Paprika hinzufügen und sehr heißes Wasser (man rechnet für eine Tasse Reis vier Tassen Wasser) zugießen, mit Salz und Pfeffer würzen und zum Kochen bringen. Diese Brühe ein paar Minuten einkochen und dann den Reis und den Safran zugeben.
5. 18 Minuten kochen und vor dem Servieren einige Minuten ruhen lassen. Es sollte eine cremige Konsistenz haben.

Dieses köstliche cremige Reisgericht, typisch für die Ribera Baixa, verdankt seinen Namen der dunklen Farbe, die die Brühe durch die Artischocken und das Gemüse aus Ribera del Xùquer annimmt.

arròs negre
Schwarzer Reis

für 4 Personen

* 400 g Reis * 1 mittelgroße Sepia * 250 g Garnelen * 1 Zwiebel * 2 Tomaten * 1 Ñora-Paprika * 2 Knoblauchzehen * 1 Zweig Petersilie * 1 Paprikaschote * 1 Glas Weißwein * 1 Lorbeerblatt * 800 g kleine Fische oder Fisch für Brühe * Salz

1. Die Zwiebel schälen und klein hacken. Die Knoblauchzehen schälen. Die Paprikaschote waschen, entstielen, entkernen und in kleine Würfel schneiden. Die Tomate häuten, entkernen und hacken. Die Petersilie fein hacken.
2. Die Sepia säubern, dabei Kauwerkzeug, Augen, Kalkschale und Innereien entfernen. Den Tintensack beiseitelegen. Die Tentakel klein schneiden und den Körper und die Flossen in kleine Würfelchen schneiden.
3. Den ganzen Fisch für die Brühe waschen und in den Topf geben. Mit 3 Liter Wasser überdecken, salzen, das Lorbeerblatt zugeben und zum Kochen bringen. Bei mittlerer Hitze 30 Minuten einkochen. Ruhen lassen und durchsieben.
4. In einem Topf vier Löffel Öl erhitzen und die Garnelen 30 Sekunden anbraten. Die Garnelen herausnehmen und beiseitestellen. Im gleichen Öl kurz die Ñora-Paprika und die ganzen Knoblauchzehen braten. Herausnehmen und in einem Mörser zusammen mit der Tomate und der Petersilie zerstoßen.
5. Im gleichen Öl die Zwiebel 10 Minuten lang bei schwacher Hitze anschwitzen. Die geschnittene Sepia und die Würfelchen der roten Paprikaschote zugeben und weitere 4 Minuten anschwitzen. Den Weißwein zugießen, bei starker Hitze kurz einkochen lassen und die Tomate hinzufügen. Mit Salz würzen und die im Mörser zerstoßene Masse und den mit einem Löffel Brühe vermischten Tintensack hinzufügen. 2 weitere Minuten kochen lassen.
6. Den Reis zugeben, kurz anschwitzen und mit der heißen Fischbrühe übergießen (man rechnet für den Reis die doppelte Menge Brühe und noch ein bisschen mehr). Zuerst 10 Minuten bei starker Hitze und dann weitere 8 Minuten bei schwacher Hitze kochen lassen. Wenn die Hälfte der Garzeit um ist, erneut die Garnelen zugeben. Sie sollten noch etwas weich sein.

Der schwarze Reis kann cremig, flüssig oder in einer Pfanne auch trocken zubereitet werden.
Nach Belieben mit einem Allioli servieren.

arròs al forn

Reis aus dem Ofen

für 4 Personen

* 400 g Reis * 400 g Rippchen in Stücken * 200 g Speck in Stücken * 100 g getrocknete oder 200 g gegarte Kichererbsen * 3 Tomaten * 1 Kartoffel * 1 Knoblauchknolle * 2 *morcillas* mit Zwiebeln (Blutwurst) * einige Safranfäden * 1 dl Olivenöl * Salz

1. Die Kichererbsen am Vortag mit Wasser abdecken und einweichen lassen. Die Kartoffel schälen und in feine Scheiben schneiden. Die Tomate reiben.
2. Die Kichererbsen in einem Topf mit reichlich Wasser garen, bis sie weich sind. Das Wasser abgießen und die Kichererbsen beiseitestellen.
3. In einem Topf mit dem Olivenöl die geriebene Tomate 10 Minuten bei schwacher Hitze anbraten. Das in Stücke geschnittene Fleisch (ausgenommen die Blutwurst) zugeben und anbraten, um die Poren zu schließen.
4. Die abgetropften Kichererbsen hinzufügen. Mit Salz und einigen Safranfäden würzen und großzügig mit Wasser abdecken. Zum Kochen bringen und 50 Minuten garen lassen, falls nötig noch etwas Wasser zugeben.
5. Den Reis in einen flachen Tontopf geben. Mit 750 ml Brühe aus dem Kochwasser aufgießen und den ganzen Inhalt des Topfes hinzufügen.
6. Mit den Kartoffelscheiben und den in Hälften geschnittenen Blutwürsten dekorieren. Die ganze Knoblauchknolle ohne die äußere Schale, so dass die einzelnen Zehen zu sehen sind, in die Mitte setzen und in die Brühe tauchen. Im vorgeheizten Backofen bei 250° C 25 Minuten garen. Einige Minuten außerhalb des Backofens ruhen lassen und servieren.

Um Zeit zu sparen, kann die Brühe mit dem Fleisch auch in einem Schnellkochtopf zubereitet werden. In diesem Fall sind ungefähr 15 Minuten ab Aufsteigen des Regelventils zu rechnen.
In der Saison kann auch in Stücke geschnittenes Distelgemüse in das Kochwasser gegeben werden.

arròs amb crosta
Reis in Kruste

für 4 Personen

* 400 g Reis * 2 *morcillas* mit Zwiebeln (Blutwurst) * 300 g Speck * 2 Hähnchenschenkel * 200 g gegarte Kichererbsen * 4 Knoblauchzehen * 3 Tomaten * 6 Eier * einige Safranfäden * 1 dl de Olivenöl * Salz

1. Die Tomate reiben. Die Knoblauchzehen schälen und hacken.
2. In einem Topf das Öl erhitzen und die geriebene Tomate mit dem gehackten Knoblauch 10 Minuten bei schwacher Hitze anbraten. Die Hähnchenschenkel und den in Stücke geschnittenen Speck zugeben und weitere 5 Minuten braten lassen.
3. Mit Salz und einigen Safranfäden würzen und großzügig mit Wasser abdecken. Zum Kochen bringen und 50 Minuten lang garen lassen, falls nötig noch mehr Wasser zugeben.
4. Den Ofen auf 250° C vorheizen. Das Hähnchenfleisch entbeinen, in Stücke schneiden und in einem hochwandigen Topf mit flachem Boden verteilen. Die restlichen Zutaten der gekochten Brühe (man rechnet 700 ml Brühe) hinzufügen. Den Reis und die in Scheiben geschnittenen Blutwürste zugeben, gut im Topf verteilen und mit Salz abschmecken.
5. Im Ofen bei 250° C 15 Minuten garen. Danach den Topf aus dem Ofen nehmen, die mit einer Prise Salz verquirlten Eier zugeben, so dass sie sich auf der ganzen Reisoberfläche verteilen. Mit der Spitze eines Messers an mehreren Stellen einstechen, so dass die Eier etwas in den Reis dringen. Weitere 5 Minuten backen, den Ofen ausschalten und vor dem Servieren 5 Minuten ruhen lassen.

Das Ei sollte wie ein Soufflé in einer schönen goldgelben Farbe sein. Darauf achten, dass es nicht anbrennt. Nach Belieben kann die Reisoberfläche nach dem Zugeben der verquirlten Eier mit Paniermehl bestreut werden.

arròs a banda d'alacant

Reis *a banda* aus Alicante

für 4 Personen

* 400 g Reis * 1 kg kleine Fische für Brühe * 200 g gepellte kleine Garnelen * 250 g kleine Sepien * 2 Tomaten * ½ rote Paprikaschote * 2 Ñora-Paprikas * 2 Knoblauchzehen * Safran * Olivenöl * Salz

1. In einer Pfanne drei Löffel Öl erhitzen und die Ñora-Paprikas braten. Die Paprikas herausnehmen und hacken. Die ganzen Knoblauchzehen und die in Streifen geschnittene Paprikaschote zugeben. Die geriebenen Tomaten zugeben, mit einer Prise Salz würzen und ungefähr 4 Minuten braten lassen.
2. Den gesamten Fisch für die Brühe säubern und in einen Topf geben. Mit 2,5 l Wasser bedecken und das Gebratene aus der Pfanne (die Paprikastreifen beiseitestellen), die gehackten Ñora-Paprikas, den Safran und Salz zugeben. Zum Kochen bringen und 30 Minuten bei kleiner Hitze köcheln lassen.
3. Die Garnelen mit drei Löffel Öl in einer Paella anschwitzen, herausnehmen und beiseitestellen. Die gesäuberten und in Stücke geschnittenen Sepien in die Pfanne geben und 3 Minuten braten. Den Reis zugeben und alles zusammen weitere 2 Minuten braten.
4. Die Paprikastreifen hinzufügen und die durchgesiebte Brühe zugießen (man rechnet für den Reis die doppelte Menge Brühe und ein bisschen mehr). 8 Minuten sprudelnd kochen lassen, die Temperatur herunterschalten und bei niedriger bis mittlerer Hitze weitere 10 Minuten köcheln lassen. Kurz vor Ende der Garzeit die Garnelen wieder dazugeben.
5. Den Reis *a banda* mit Allioli servieren.

Nach Belieben kann auch eine Salmorreta-Sauce aus einer gebackenen Tomate, zerstoßen mit Knoblauch, Zwiebel, Petersilie, Peperoni, Essig, Olivenöl und Salz dazu gereicht werden.

arròs del senyoret
Senyoret-Reis

für 4 Personen

* 300 g Reis * 250 g Seeteufel * 50 g Tintenfischstreifen * 50 g kleine Tintenfische * 50 g gepellte Garnelen * 800 g kleine Fische oder Fisch für Brühe * 2 Knoblauchzehen * 2 Tomaten * Safran * Olivenöl * Salz

1. Die kleinen Fische säubern und in einen Topf mit 2,5 l Wasser geben. Zum Kochen bringen, salzen und 25 Minuten einkochen. Ruhen lassen und durchsieben.
2. Den Seeteufel, die kleinen Tintenfische, die Tintenfische und die Garnelen säubern und alles in kleine Stücke schneiden.
3. Die Tomaten an der Unterseite kreuzweise einschneiden und in einem Topf mit kochend heißem Wasser 2 Minuten abbrühen. Das Wasser abgießen, die Tomaten unter fließendem Wasser abschrecken, die Haut abziehen, die Tomaten entkernen und klein hacken.
4. Drei Löffel Öl in einer Pfanne erhitzen und den Fisch in kleinen Portionen anbraten. Zuerst den Seeteufel, dann den Tintenfisch und die kleinen Tintenfische und zum Schluss die Garnelen.
5. Den gehackten Knoblauch zugeben, 1 Minute anschwitzen und die gehackten Tomaten hinzufügen. Mit Salz und Pfeffer würzen und weitere 2 Minuten anschwitzen.
6. Den Reis und den Safran zugeben, kurz umrühren und die kochend heiße Fischbrühe zugießen. 10 Minuten sprudelnd kochen lassen, die Temperatur herunterschalten und bei niedriger bis mittlerer Hitze weitere 8 Minuten köcheln lassen. Vor dem Servieren einige Minuten ruhen lassen.

Der Name dieses Reisgerichts (*senyoret* – hier: *feiner* Pinkel) bezieht sich auf die aufwendige Zubereitung der ganzen Meeresfrüchte, die schön geschält und mundgerecht geschnitten sein müssen. Die Brühe lässt sich mit den Köpfen und Gräten vom Fisch sowie mit den Köpfen und der Schale der Garnelen zubereiten.

paella valenciana
Valencianische Paella

für 4 Personen

* 400 g Reis * 350 g Hähnchenfleisch * 350 g Kaninchenfleisch * 2 Tomaten * 200 g flache grüne Bohnen (der Sorte *bajoqueta* oder *ferraura*) * 125 g frische Limabohnen * 125 g frische weiße Bohnen der Sorte *tavella* * Safran * 1 dl Olivenöl * Salz

1. Das Öl in einer Pfanne erhitzen und das Fleisch goldbraun anbraten. Das Fleisch an den Pfannenrand schieben und die flachen grünen Bohnen und die gehäuteten, gehackten Tomaten in die Mitte geben. Alles einige Minuten braten und dann 1 Liter Wasser zugießen. Die frischen Limabohnen und die weißen Bohnen, den Safran und Salz zugeben.
2. Zum Kochen bringen, die Temperatur herunterschalten und 30 Minuten garen. Wasser nachgießen, das verdampft ist, dann erneut zum Kochen bringen und den Reis zugeben.
3. 10 Minuten bei starker Hitze garen und dann die Temperatur herunterschalten. Weitere 8 Minuten bei niedriger bis mittlerer Hitze garen. Vor dem Servieren etwa 5 Minuten ruhen lassen.

Das ist das Paellarezept, wie es auf den valencianischen Gemüsefeldern zubereitet wird. Je nach Saison können noch Schnecken (*Iberus gualtieranus alonensis*) oder geviertelte Artischocken hinzugefügt werden.
Die Brühe kann mit einem Zweig frischem Rosmarin, der später entfernt wird, aromatisiert werden. Obwohl Safran eine Grundzutat des Rezeptes ist, wird die intensive gelbe Farbe bei einigen Paellas durch die Verwendung von Lebensmittelfarbe hervorgerufen.
Beim Anbraten kann mit etwas Paprika gewürzt werden.

paella alicantina

Alicantinische Paella

für 4 Personen

* 400 g Reis * 600 g Kaninchenfleisch * 400 g Hähnchenfleisch * 250 g mageres Schweinefleisch * 1 rote Paprikaschote * 2 Tomaten * 150 g gegarte Kichererbsen * 1 Ñora-Paprika * 1 Knoblauchzehe * Hühnerbrühe * Safran * 1 Zitrone * Olivenöl * Salz

1. Hähnchen- und Kaninchenfleisch in Stücke schneiden. Die Paprikaschote waschen, entstielen, entkernen und in kleine Streifen schneiden. Die Tomaten reiben. Die Knoblauchzehe schälen und klein hacken.
2. Die Ñora-Paprika zusammen mit den Streifen der Paprikaschote in der Pfanne mit vier Löffel Öl anbraten, herausnehmen und beiseitestellen. Im gleichen Öl das ganze Fleisch goldbraun braten und beiseitestellen. Die geriebenen Tomaten und die beiden ganzen Knoblauchzehen zugeben. Braten, bis die Tomate ihre Farbe verändert.
3. Die Knoblauchzehen herausnehmen und in einem Mörser zusammen mit der Ñora-Paprika zerstoßen.
4. Den Reis in die Pfanne geben, kurz anschwitzen und die heiße Brühe zugießen (man rechnet für den Reis die doppelte Menge Brühe). Erneut das ganze Fleisch, die Paprikaschotenstreifen, die Kichererbsen und die zerstoßene Masse zugeben. Mit Salz und einigen Safranfäden würzen.
5. 5 Minuten sprudelnd kochen lassen. Die Hitze herunterschalten und weitere 12 Minuten garen. Die Paella mit Streifen der roten Paprikaschote und Zitronenspalten dekorieren. Vor dem Servieren einige Minuten ruhen lassen.

Die Brühe kann mit den Knochen vom Hähnchen und vom Kaninchen, Lauch, Karotte, Sellerie, einer Tomate, einer Ñora-Paprika, Salz und einigen Safranfäden zubereitet werden.

paella de castelló
Castellonesische Paella

für 4 Personen

* 400 g Reis * 200 g Hähnchenfleisch * 200 g Kaninchenfleisch * 100 g Schweinerippchen * 100 g grüne Bohnen * 1 rote Paprikaschote * 1 reife Tomate * 1 Petersilienzweig * 2 Knoblauchzehen * Olivenöl * Safran * Salz

1. Hähnchen- und Kaninchenfleisch und Schweinerippchen in Stücke schneiden. Die Paprikaschote waschen, abtrocknen und in Streifen schneiden. Die Tomate häuten und hacken. Die Knoblauchzehen pellen und hacken. Die Bohnen waschen, Spitzen abschneiden und die Bohnen in 4 cm große Stücke schneiden. Die Petersilie fein hacken. In einem separaten Topf Wasser oder Brühe zum Kochen bringen.
2. Vier Löffel Öl in einer Pfanne erhitzen und das gesamte Fleisch darin anbraten, bis es goldbraun ist. Das Fleisch herausnehmen und beiseitestellen.
3. Im gleichen Öl die Paprikaschote, die Tomate, die Petersilie und die Knoblauchzehen anbraten. Die grünen Bohnen zugeben und alles zusammen kurz braten.
4. Das Fleisch wieder in die Pfanne geben und das heiße Wasser oder die heiße Brühe zugießen (man rechnet für den Reis die doppelte Menge Brühe). Mit Salz und Safran würzen, kurz umrühren und 18 Minuten garen lassen. Vor dem Servieren 5 Minuten ruhen lassen.

ine andere Paella-Variante wird in der valencianischen Ribera Alta zubereitet. Sie enthält grüne Paprikaschoten, grüne Bohnen der Sorte *ferraura*, weiße Bohnen der Sorte *tavella* und Limabohnen, Tomate, Knoblauch, Safran, Kaninchenfleisch und Schnecken. Im privaten Bereich werden auch gerne Fleischbällchen aus magerem Schweinefleisch, Leber und Hühnerblut, aromatisiert mit Knoblauch, Petersilie, Pinienkernen und Zimt zugegeben.

paella de marisc
Paella mit Meeresfrüchten

für 4 Personen

* 400 g Reis * 500 g kleine Fische für Brühe * 500 g Miesmuscheln * 250 g Seeteufel * 1 Sepia * 4 Garnelen * 4 Kaisergranate * 2 Tomaten * 3 Knoblauchzehen * Olivenöl * Safran * Salz

1. Für die Fischbrühe reichlich Wasser mit den kleinen Fischen, den Gräten vom Seeteufel, falls vorhanden, einer Knoblauchzehe, einigen Safranfäden und einer Prise Salz aufsetzen. Zum Kochen bringen und bis zur Hälfte einkochen.
2. Die Miesmuscheln dünsten und die leeren Schalenhälften entfernen. Einen Teil des Kochwassers auffangen und zur Brühe geben.
3. Die Sepia säubern, dabei Kalkschale, Innereien, Augen und Kauwerkzeug entfernen. Die Sepia in Würfel schneiden. Den Seeteufel in Würfel schneiden. Die Tomate reiben. Die Knoblauchzehen pellen und hacken.
4. Vier Löffel Öl in einer Paella erhitzen und die Garnelen und die Kaisergranate kurz anbraten. Herausnehmen, mit einer Prise Salz würzen und beiseitestellen.
5. Im gleichen Öl die Sepia- und Seeteufelwürfel 4 Minuten braten. Herausnehmen, salzen und beiseitestellen.
6. Die geriebenen Tomaten und die zwei gehackten Knoblauchzehen zugeben und 5 Minuten garen. Erneut die Sepiawürfel zufügen und den Reis zugeben. Kurz anschwitzen und die durchgesiebte, gut erhitzte Brühe zugießen (man rechnet für den Reis die doppelte Menge Brühe).
7. Falls nötig mit Salz nachwürzen und einige Safranfäden zugeben. 5 Minuten sprudelnd kochen lassen.
8. Danach die Miesmuscheln, Kaisergranate und Garnelen dekorativ verteilen. Weitere 12 Minuten bei geringer bis mittlerer Hitze garen und vor dem Servieren einige Minuten ruhen lassen.

Von der Paella mit Meeresfrüchten oder nach Seemannsart, die typisch für Restaurants ist, gibt es unzählige Varianten. Sie kann mit vielen anderen Zutaten aus dem Meer wie Tintenfischen, Venusmuscheln, Heuschreckenkrebsen, Krabben, Langustinen usw. kombiniert werden.

paella de bacallà i col-i-flor

Paella mit Kabeljau und Blumenkohl

für 4 Personen

* 400 g Reis * 200 g bereits gewässerter Kabeljau * ¼ Blumenkohl * 2 Knoblauchzehen * 1 Tomate * ½ Teelöffel Paprika * Safran * Olivenöl * Salz

1. Den Kabeljau gut abtrocknen und in einer heißen Pfanne leicht anbraten. Dann mit den Fingern zerpflücken.
2. Den Blumenkohl waschen und kleine Röschen abschneiden. Die Knoblauchzehen schälen und hacken.
3. In einer Pfanne drei Löffel Öl erhitzen und die Tomate mit den gehackten Knoblauchzehen anschwitzen. Wenn die Tomate ihre Farbe verändert, den zerpflückten Kabeljau und die kleinen Blumenkohlröschen zugeben.
4. Mit Paprika, Salz und einigen Safranfäden würzen und Wasser zugießen (man rechnet für den Reis die doppelte Menge Wasser). 5 Minuten sprudelnd kochen und dann bei niedriger bis mittlerer Hitze weitere 12 Minuten garen lassen. Vor dem Servieren einige Minuten ruhen lassen.

Dieses Fastenreisgericht kann auch im Ofen zubereitet werden. Es gibt zahlreiche Reisgerichte mit Kabeljau, die weitere Zutaten wie Spinat, Frühlingsknoblauch, Zwiebeln, Schweinerippchen usw. haben. Der *Banditenreis* (*arròs dels roders*) wird mit solchen Zutaten zubereitet, die die Verfolgten in ihren Räuberhöhlen in den Bergen einstmals vorrätig hatten: Kabeljau, Knoblauch, Safran, getrocknete Paprikaschoten, Schnecken und Wildkräuter

02

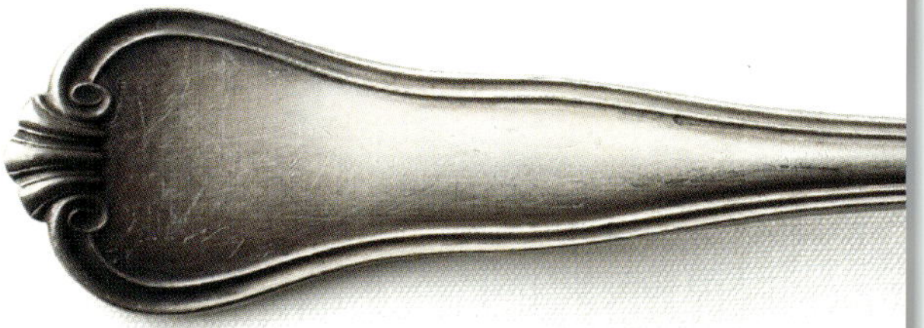

Rezepte für Vorspeisen

amanida de taronja i bacallà

Salat mit Orangen und Kabeljau

für 4 Personen

* 3 Orangen * 2 Frühlingszwiebeln * 300 g gewässerter Kabeljau * 2 Löffel schwarze Oliven

<u>für die Vinaigrette:</u>

* 4 Löffel Olivenöl * 1 Löffel Sherry-Essig * Pfeffer * Salz

1. Die Frühlingszwiebeln abziehen, in feinen Streifen schneiden und 15 Minuten in einer Schale mit Wasser und Eis lassen, damit sie ihren kräftigen Geschmack verlieren.
2. Den Kabeljau abtropfen lassen und in Streifen schneiden. Die Orangen schälen, dabei die weiße Haut vollständig entfernen, und in Spalten schneiden.
3. Für die Vinaigrette Olivenöl, Essig, eine Prise Salz und Pfeffer verquirlen, bis eine Emulsion entsteht.
4. Die Orangenspalten auf einer Platte dekorativ in Form eines Fächers anrichten und den Kabeljau in die Mitte geben. Die Frühlingszwiebeln und die schwarzen Oliven darüber verteilen, mit der Vinaigrette anrichten und servieren.

In der Valencianischen Gemeinschaft ist der so genannte „englischer" oder grüner Kabeljau von mittlerer Salzung sehr beliebt, der im Vergleich zu dem isländischen oder norwegischen weißen Kabeljau weniger Salz enthält.

amanida de moixama, tomàquet, taronja i olives negres

Salat mit Mojama, Tomaten, Orangen und schwarzen Oliven

für 4 Personen

* 4 Salattomaten * 150 g Mojama (luftgetrockneter Thunfisch) * 1 Orange * 2 Löffel Pinienkerne * 2 Löffel schwarze Oliven * 3 Löffel Olivenöl * 1 Löffel Essig * 1 Löffel Zucker * 1 Petersilienzweig * Pfeffer * Salz

1. Orange unter fließendem Wasser waschen, abtrocknen und die Schale fein reiben. Den Saft auspressen.
2. In einer Kasserolle den Orangensaft zusammen mit dem Zucker erhitzen, bis ein Sirup entsteht. Den Essig zufügen, kurz aufkochen und abkühlen lassen.
3. Die Tomaten enthäuten und in Würfelchen schneiden. Die Tomatenwürfel zusammen mit dem Orangenabrieb und der gehackten Petersilie in eine Schüssel geben. Mit einer Prise Salz würzen und mit dem Olivenöl beträufeln. Etwa 10 Minuten ziehen lassen.
4. In der Zwischenzeit die Pinienkerne in einer beschichteten Pfanne mit einem Tropfen Öl rösten, bis sie etwas Farbe annehmen. Den Mojama in sehr feine Scheiben schneiden.
5. Die Oliven entkernen und mit etwas Öl pürieren, bis ein dicker Brei entsteht.
6. Mit Hilfe eines Metallrings den Salat auf den Tellern anrichten. Zuerst eine Schicht Tomatenwürfel, dann ein paar Mojama-Scheibchen und zum Schluss eine Schicht Tomaten. Die gehackten Pinienkerne darüber verteilen und mit dem Orangensirup und einigen Tropfen von dem Schwarze-Oliven-Püree beträufeln. Sofort servieren.

Mojama wird zum Aperitif gereicht, beträufelt mit einem guten nativen Olivenöl Extra und mit Tomaten oder ein paar gerösteten Mandeln.

esgarraet

esgarraet

für 4 Personen

* 3 rote Paprikaschoten * 2 kleine Filets vom englischen Kabeljau * 2 Knoblauchzehen * Olivenöl

1. Die Paprikaschoten leicht mit etwas Olivenöl bestreichen und 50 Minuten im vorgeheizten Ofen bei 200°C backen. Die Paprikaschoten in Aluminiumpapier einwickeln und etwas abkühlen lassen. Dann enthäuten, entstielen, entkernen und in Streifen schneiden.
2. Die Streifen der gebackenen Paprikaschoten zusammen mit dem in feine Scheiben geschnittenen Knoblauch und den zerpflückten Kabeljaufilets in eine Salatschüssel geben. Umrühren, mit Olivenöl abdecken und die Schüssel mit Klarsichtfolie bedecken. Im Kühlschrank einige Stunden ziehen lassen.
3. Den *esgarraet* mit geröstetem Brot servieren.

Wenn möglich, sollten die Paprikaschoten in der Glut zubereitet werden. Dadurch erhalten sie einen wunderbar rauchigen Geschmack. Der englische Kabeljau ist nicht so salzig. Wenn Sie für die Zubereitung dieses Gerichts einen Kabeljau von anderer Herkunft verwenden, sollten Sie ihn zuerst durch Wässern leicht entsalzen.

espencat

espencat

für 4 Personen

* 2 Auberginen * 1 rote Paprikaschote * 1 grüne Paprikaschote * 1 Zwiebel * 1 Knoblauchzehe * Olivenöl

1. Die Auberginen, die Paprikaschoten und die Zwiebel in eine ofenfeste Form geben und im vorgeheizten Ofen bei 200° C 50 Minuten backen. Danach die Paprikaschoten herausnehmen und in Alufolie wickeln. Die Auberginen und die Zwiebel weitere 20 Minuten garen.
2. Die Auberginen und die Zwiebel in Alufolie wickeln. Das gebackene Gemüse abkühlen lassen, dann die Haut abziehen und das Gemüse in Streifen schneiden.
3. Die Gemüsestreifen auf einer Platte anrichten und mit sehr fein gehacktem Knoblauch bestreuen. Reichlich Natives Olivenöl Extra darüberträufeln und vor dem Servieren eine Stunde im Kühlschrank ziehen lassen.

Dieses Gericht wird oftmals mit dem *esgarraet* verwechselt. Es hat viele örtliche Varianten. Häufig wird auf die grüne Paprikaschote und die Zwiebel verzichtet, in anderen Fällen wiederrum wird gebackene Tomate zugegeben.
Espencat kann mit Anschovis, Zwergdorschstreifen, Kabeljau, *mojama* (Thunfisch) oder feinen Scheiben von der getrockneten Krake angerichtet werden. Es wird auch gerne mit gehacktem, hart gekochtem Ei oder Kapern bestreut.

mullador de sangatxo

mullador de sangatxo

für 4 Personen

* 400 g *sangatxo* (gesalzener Thunfisch) * 4 Tomaten * 1 Aubergine * 2 rote Paprikaschoten * 1 grüne Paprikaschote * 2 Kartoffeln * 1 Teelöffel Paprika * 2 Knoblauchzehen * eine Handvoll Mandeln * 1 Scheibe Brot * Olivenöl * Salz

1. Den *sangatxo* für 4 bis 5 Stunden in warmes Wasser legen, das mehrmals ausgewechselt werden sollte, damit der Thunfisch gut gewässert wird. Den Thunfisch abtropfen lassen und mit Küchenpapier abtrocknen.
2. Die Tomaten an der Unterseite kreuzweise einschneiden und in einem Topf mit kochend heißem Wasser 2 Minuten abbrühen. Die Tomaten enthäuten und in Stücke schneiden. Die Kartoffeln schälen und in ungefähr 2 cm große Stücke schneiden. Die Paprikaschoten waschen, abtrocknen und in gleich große Würfelchen schneiden. Die Aubergine waschen und in Würfel schneiden, die die gleiche Größe wie die der Paprikaschoten haben.
3. Vier Löffel Öl in einem Topf erhitzen und den *sangatxo* leicht anbraten. Abtropfen lassen und beiseitestellen.
4. Im gleichen Öl die gepellten Knoblauchzehen, die Mandeln und das in Stücke zerbröckelte Brot braten. Wenn sie Farbe annehmen, herausnehmen und in einem Mörser oder in einem Behälter mit dem Pürierstab zerkleinern.
5. Im gleichen Öl die Paprikaschoten und die Aubergine 10 Minuten andünsten. Die gehackten Tomaten zugeben und weitere 5 Minuten andünsten. Mit Paprika würzen und mit kochend heißem Wasser abdecken. Die Kartoffeln und die zerstoßene Masse zugeben und zum Kochen bringen. Die Temperatur herunterschalten und 30 Minuten bei schwacher Hitze garen lassen. Dabei öfters umrühren.
6. 10 Minuten vor Ende der Garzeit erneut den *sangatxo* zugeben. Vor dem Servieren mit Salz abschmecken.

Als *sangatxo* bezeichnet man den Teil des Thunfischs, der sich an den Gräten befindet, wo sich das geronnene Fischblut sammelt, daher die dunkle Farbe. Er wird wie der *bull* in zahlreichen volkstümlichen Schmorgerichten und Rezepten verwendet. Dieses Rezept, das typisch für die Marina Alta in Alicante ist, wird auch *tomacat* oder „fritanga" bezeichnet.

pericana
pericana

für 4 Personen

* 4 getrocknete rote Paprikaschoten * 100 g getrockneter Zwergdorsch oder Kabeljau
* 3 Knoblauchzehen * Natives Olivenöl Extra

1. In einer Pfanne eine ausreichende Menge Olivenöl erhitzen und die getrockneten Paprikaschoten darin anbraten, bis sie Farbe annehmen. Die Paprikaschoten abkühlen lassen und zerpflücken.
2. Die Knoblauchzehen in einer Pfanne oder über einer Flamme rösten und in Scheiben schneiden. Ebenso den Kabeljau oder den Zwergdorsch anschwitzen (oder auf Glut grillen) und zerkleinern.
3. Auf einer Servierplatte alle vorbereiteten Zutaten vermengen. Mit Olivenöl, das für das Anschwitzen der Paprikaschoten verwendet worden ist, beträufeln und alles mindestens 30 Minuten ziehen lassen, damit die Paprikaschoten Feuchtigkeit aufnehmen können.
4. Die pericana mit geröstetem Brot zum Aperitif reichen.

Die getrockneten Paprikaschoten können im Ofen gebacken werden. Ñora-Paprikaschoten, getrocknete Tomaten und eine Prise Paprikaschoten können zugegeben werden. Weitere Varianten dieses Rezepts sind „frische *pericana*“ (mit Streifen von gebackenen Paprikaschoten) und „*pericana* in Salat“ mit klein gehackten Tomaten und Frühlingszwiebeln. In Elche wird dieses Gericht *pipes i carasses genannt*.

olla de la plana
olla de la Plana

für 6 Personen

* 250 g weiße Bohnen * 100 g grüne Bohnen * 250 g Kohl * 2 Distelstangen * 4 Mangoldblätter * 1 Karotte * 1 Rübe * 2 Kartoffeln * 1 Zwiebel * 2 Tomaten * 2 Espressotassen Reis (optional) * 3 Knoblauchzehen * Safran * Paprika * Olivenöl * Salz

1. Die weißen Bohnen am Vortag in Wasser einweichen. Am nächsten Tag die Bohnen in einen großen Topf geben, mit reichlich Wasser bedecken und zum Kochen bringen. Durch Zugießen von kaltem Wasser dreimal den Kochvorgang unterbrechen und den Schaum an der Oberfläche abschöpfen.
2. Die weißen Bohnen 1 ½ Stunden garen oder bis sie weich sind.
3. Das gesamte Gemüse, gewaschen, geschält und in Würfel geschnitten, in den Topf geben. Weitere 15 Minuten bei kleiner Hitze garen. Mit etwas Salz und einigen Safranfäden würzen. Nach Belieben Reis zugeben und weitere 15 Minuten garen.
4. In einer Pfanne mit drei Esslöffeln Öl die gehackte Zwiebel glasig dünsten. Die gehackten Knoblauchzehen, die geriebenen Tomaten und Paprika zugeben, umrühren und von der Herdplatte nehmen.
5. Den Inhalt der Pfanne in den Topf geben und alles weitere 5 Minuten garen. Vor dem Servieren einige Minuten ruhen lassen.

Dieses beliebte Schmorgericht aus Castellón kann ebenfalls mit Kichererbsen und anderen Gemüsesorten der Saison, wie Kürbis oder Pastinaken, zubereitet werden.

putxero de polp
Krakeneintopf

für 6 Personen

* 1,5 kg bereits gesäuberte Krake * 250 g weiße Bohnen oder Kichererbsen, am Vortag eingeweicht * 150 g frischer weißer Specke * 2 *blanquets* (grobe Weißwürste) * 1 Sellerie * 1 Lauchstange * 1 Rübe * 1 Pastinake * 2 Karotten * 4 sehr zarte Stängel (Stängelgemüse) * ¼ Kohl * 4 Kartoffeln * 1 Tomate * 1 Zwiebel * 1 Teelöffel Paprika * eine Handvoll zerstoßene Mandeln * 1 Knoblauchknolle * Safran * 300 g Reis * Olivenöl * Salz

<u>für die Füllung:</u>

* 200 g Schweinehackfleisch * 200 g Kalbshackfleisch * 1 Hähnchenleber * 1 Eßlöffel Pinienkerne * 1 Ei * 2 Eßlöffel Paniermehl * 1 Teelöffel Paprika * Zitronenabrieb

1. Alle Zutaten für die Füllung vermengen und die Krakenköpfe damit füllen. Die Köpfe zunähen, damit sie nicht aufplatzen.
2. Drei Eßlöffel Öl in einem gußeisernen Topf erhitzen und die Kraken, die gehäutete und in Stücke geschnittene Tomate, die Mandeln und die Knoblauchknolle andünsten. Alles einige Minuten andünsten.
3. Wenn die Kraken leicht Farbe annehmen, die weißen Bohnen zugeben und 6 Liter kaltes Wasser zugießen (bei Kichererbsen heißes Wasser nehmen). Den Speck, die *blanquets* und das restliche Gemüse, gepellt und in Stücke geschnitten, zugeben (ausgenommen die Kartoffel). Salzen und pfeffern, mit Paprika und Safran würzen und ungefähr 2 Stunden bei mittlerer Hitze garen oder bis die Bohnen weich sind. Nach der Hälfte der Garzeit die Kartoffeln zugeben.
4. Mit der entstandenen Brühe Reis zubereiten, nach Belieben in flüssiger oder cremiger Konsistenz. Den Brühereis als Vorspeise und dann das Krakenfleisch mit den Hülsenfrüchten und dem restlichen Gemüse dekorativ auf einer großen Servierplatte servieren.

Dieses deftige Gericht der Calpe-Fischer hat sich zu einem Wahrzeichen der Gastronomie von Benissa und Moraira entwickelt. In der Saison können noch Süßkartoffeln zugegeben werden.

fideuà

fideuà

für 6 Personen

* 500 g Suppennudeln Nummer 3 * 6 Garnelen * 6 Kaisergranate * 1 mittelgroße Sepia
* 150 g passierte Tomaten * 1,5 kg kleine Fische oder Fisch für Brühe * 1 Esslöffel Paprika
* 1 Stiel Petersilie * 1 Knoblauchzehe * Safran * Olivenöl * Salz

1. Die kleinen Fische mit reichlich Wasser bedecken, Salz zufügen und 40 Minuten einkochen, 1 ½ Liter Fischbrühe zu erhalten. Den Deckel aufsetzen und ziehen lassen.
2. Die Knoblauchzehe, die Petersilie und ein paar Safranfäden im Mörser zerstoßen.
3. In einer Pfanne ein paar Esslöffel Öl erhitzen und die Kaisergranate und Garnelen darin braten. Dann herausnehmen und beiseitestellen.
4. Im gleichen Öl die saubere, in Stücke geschnittene Sepia anbraten. Den Paprika zufügen, umrühren, die Tomate und die zerstoßene Masse aus dem Mörser zugeben. Alles einige Minuten garen, die heiße Brühe zugießen und eventuell etwas salzen.
5. Zum Kochen bringen, die Temperatur herunterschalten und 12 Minuten bei kleiner Hitze garen. 8 Minuten vor Ende der Garzeit die Kaisergranate und die Garnelen dekorativ auf den Nudeln verteilen.
6. Die Pfanne von der Herdplatte nehmen und vor dem Servieren einige Minuten ruhen lassen, damit die Nudeln die restliche Brühe aufnehmen können.

Nach Belieben können 400 g in Würfel geschnittener Seeteufel und ein klein geschnittener Tintenfisch zugefügt werden. Nach der Legende wurde dieses Rezept von einigen Fischern erfunden, als diese auf hohem Meer feststellten, dass sie den Reis für den Fischtopf vergessen hatten.

coques de mullador
Fladenbrote *mullador*

für 9 kleine Fladenbrote

Für den Teig: * 500 g Mehl * 25 g Hefe * 2 dl (1 Glas) warmes Wasser * 1 dl (½ Glas) Olivenöl
Für die Beläge: * ½ kg Tomaten * 2 Zwiebeln * 2 grüne Paprikaschoten * 2 rote Paprikaschoten * 2 Auberginen * 18 Anschovis * 1 Teelöffel milder Paprika * Olivenöl * Salz

1. Für den Teig: In einer Schüssel das Mehl mit der zerbröckelten Hefe, dem Öl, dem warmen Wasser und dem Salz vermengen. Mit den Fäusten durchkneten, bis ein homogener Teig entsteht. Den Teig immer wieder aufbrechen und erneut kneten. Diesen Vorgang so oft wiederholen, bis der Teig nicht mehr an der Schüsselwand kleben bleibt. Aus dem Teig neun Kugeln in der Größe einer Zitrone formen, mit einem Tuch abdecken und 15 - 20 Minuten gehen lassen.
2. Für den *mullador* mit Zwiebeln und Tomaten: Die Hälfte der Tomaten waschen, enthäuten und in sehr kleine Stücke schneiden. Die Zwiebeln schälen und klein hacken. In einem Topf mit ein paar Esslöffeln Olivenöl beide Zutaten anschwitzen. Mit einer Prise Paprika und Salz würzen. Die angeschwitzten Tomaten und Zwiebeln in einem Sieb gut abtropfen lassen.
3. Für den *mullador* mit Paprikaschoten und Tomaten: Die übrigen Tomaten waschen, enthäuten und klein schneiden. Die grünen Paprikaschoten waschen und klein schneiden. Die beiden rohen Zutaten in einem Sieb abtropfen lassen.
4. Für den *mullador* mit roten Paprikaschoten und Auberginen: Das Gemüse im vorgeheizten Ofen bei 200° C 50 Minuten (die Paprikaschoten) beziehungsweise 1 Stunde und 10 Minuten (die Auberginen) backen. Das Gemüse in Alufolie einwickeln, abkühlen lassen, enthäuten und in Streifen schneiden.
5. Drei Teigkugeln auf ein leicht eingefettetes Backblech legen und mit den Fingerkuppen flach drücken, bis drei kleine flache Fladenbrote entstehen. Einen der zubereiteten Beläge nehmen, auf den Fladenbroten verteilen und mit zwei Anschovis garnieren. Die Fladenbrote bei 200° C ca. 20 Minuten backen. Diesen Vorgang mit den restlichen Zutaten wiederholen, bis die neun Fladenbrote fertig sind.

Weitere typische Zutaten für den *mullador* sind u.a. gesalzener Thunfisch, Fregattenmakrele, Zwiebeln und Erbsen und Mangold oder Spinat mit Knoblauch.

coques a la calfor
Fladenbrote *a la calfor*

für 15 Fladenbrote

<u>für den Teig:</u>

* 2 Gläser Weizenmehl * 1 Glas Maismehl * 3,5 Gläser Wasser * 1 Zwiebel * ein Spritzer Olivenöl * eine Prise Salz

<u>für die Füllungen:</u>

* Mit Kabeljau, kleinen Garnelen und Knoblauch angedünsteter gegarter Spinat oder Mangold
* Tomatensauce, Thunfisch, Anschovis und gebackene Paprikaschoten

1. Die Zwiebel fein reiben und mit der angegebenen Menge Wasser, einem Spritzer Öl und einer Prise Salz in einen Topf geben. Zum Kochen bringen und einige Minuten garen, bis die Zwiebel gar ist.
2. Die beiden Mehlsorten auf einmal dazu schütten und sofort mit einem Rührlöffel kräftig vermengen, bis sich alle Klümpchen aufgelöst haben.
3. In einem größeren Topf Wasser erhitzen, den Topf von der Kochplatte nehmen und den Topf mit dem Teig, wie bei einem Wasserbad, hineinstellen, damit der Teig während der Zubereitung warm bleibt.
4. Wenn sich ein Kloß gebildet hat, der sich vom Topf löst, den Teig auf einen Teller mit etwas Öl umfüllen und kleine Teigkugeln formen.
5. Die Teigkugeln mit einem flachen Gegenstand zu Teigfladen plätten und auf einem Teller zwischen Klarsichtfolie oder Backpapier aufeinanderlegen.
6. In einer Pfanne einen Tropfen Öl oder Schweinefett erhitzen und die Teigfladen von beiden Seiten braten. Sofort mit den angegebenen Füllungen servieren.

Diese Fladenbrote sind typisch für den Landkreis Safor. Viele Familien in der Gegend von Gandía, Oliva, Rotova und Bellreguard verwenden eine schwere kreisrunde Holzform, die speziell von den örtlichen Tischlern hergestellt werden, damit es einfacher ist, den Fladenbroten ihre typische Form zu geben.

borreta de melva amb espinacs

Ragout mit Fregatten-makrele und Spinat

für 4 Personen

* 300 g gesalzene Fregattenmakrele * 150 g Spinat * 2 getrocknete Tomaten * 1 Zwiebel * 2 Kartoffeln * 1 Knoblauchknolle * 1 Suppenlöffel Mehl * 1 Teelöffel Paprika * 1 Petersilienzweig * Olivenöl * Salz

1. Die Fregattenmakrele 4 Stunden wässern, dabei das Wasser mehrmals auswechseln. Dann die Fregattenmakrele 10 Minuten garen und mit Wasser und Eis abkühlen. Abtropfen lassen und in Stücke schneiden.
2. In einem Topf mit drei Eßlöffel Öl die Knoblauchknolle bei kleiner Hitze andünsten. Die in Scheiben geschnittenen Kartoffeln und die getrockneten Tomaten, die vorher in Wasser eingeweicht werden, zugeben. Einige Minuten andünsten, knapp mit Wasser bedecken und den Spinat und die gehackte Petersilie zufügen.
3. Das Mehl in einem halb vollen Glas Wasser auflösen und in die kochende Flüssigkeit einrühren. Die Fregattenmakrele in Stücken und Paprika zugeben. Alles zusammen 10 Minuten bei schwacher Hitze köcheln lassen. Nach Belieben mit Salz abschmecken und servieren.

Von diesem im Süden Valencias und in den Alicante-Landkreisen sehr beliebten Gericht gibt es zahlreiche örtliche Varianten. Der Paprika kann durch Ñora-Paprikas ersetzt werden und man kann Kabeljau, Sepia, gehackte Tomaten, Zwiebeln, Artischocken oder sonstiges Gemüse dazugeben. Sehr typisch ist es, in den letzten Minuten noch ein Ei in die Brühe gleiten zu lassen.

giraboix

giraboix

für 4 Personen

* 200 g Kabeljau * 1 Zwiebel * 4 Kartoffeln * 150 g grüne Bohnen * 350 g Mangoldstängel * 1 *blanquet* (grobe Weißwurst) * 1 *morcilla* (Blutwurst) * 4 Scheiben dunkles Brot * 2 dl Olivenöl * 1 Eigelb * 1 Knoblauchzehe * 4 hart gekochte Eier * 1 reife Tomate * 1 Ñora-Paprika * Salz

1. Den Kabeljau je nach seiner Dicke lange genug wässern. Dabei mehrmals das Wasser wechseln.
2. Den Allioli in traditioneller Weise in einem Mörser mit einem Eigelb, in das nach und nach Öl eingerührt wird, oder mit Hilfe eines Handrührgerätes zubereiten.
3. Die Mangoldstängel zusammen mit den Bohnen, der Zwiebel, dem Kabeljau, der *morcilla*, dem *blanquet* und der Tomate zum Kochen aufsetzen. Zum Kochen bringen und nach 10 Minuten die geschälten und in große Stücke geschnittenen Kartoffeln zugeben. Weitere 20 Minuten bei mittlerer Hitze garen.
4. Die Brühe abgießen und die Blutwurst, den *blanquet*, die Ñora-Paprika und die Tomate herausnehmen. Alles in kleine Stücke schneiden und in einem Topf beiseitestellen. Die hart gekochten Eier, ebenfalls in sehr feine Scheiben geschnitten, zugeben und unterrühren. Die Scheiben dunkles Brot, getoastet und zerpflückt, dazugeben. Mit ein paar Eßlöffeln Allioli nach Belieben würzen und die heiße Brühe zugießen.
5. Die Suppe separat zu dem auf einer Servierplatte angerichteten Kabeljau mit den Kartoffeln, den Mangoldstielen, den Bohnen und der Zwiebel, beträufelt mit etwas Allioli, servieren.

Dieses Rezept ist typisch in den Dörfern der bergigen Regionen von Alicante wie Ibi, Tibi oder Xixona. Im Volksmund heißt es: *„Si la reina sabés que és giraboix, de Madrid vindria a llepar el boix“* (Wenn die Königin den *giraboix* kennen würde, käme sie nach Madrid, um den Mörser auszulecken).

Der Allioli kann auch separat zu der Suppe serviert werden, die sich dann jeder nach eigenem Geschmack würzen kann. Ebenso werden Varianten mit Kohl, Rochen und kleinen Garnelen oder mit Hähnchen- und Kaninchenfleisch zubereitet.

gamba amb bleda
Garnelen mit Mangold

für 8 Personen (zum Aperitif)

* 300 g Mangold * 200 g kleine Krabben aus dem Sumpfgebiet oder kleine Garnelen * 2 Knoblauchzehen * 1 Teelöffel Paprika * ½ Glas Weißwein * Olivenöl * Salz

1. Den Mangold unter fließendem Wasser waschen, abtropfen lassen und in Stücke schneiden. In einem Topf mit kochendem gesalzenem Wasser den Mangold 20 Minuten garen. Abtropfen lassen und ein Gläschen mit dem Kochwasser beiseitestellen.
2. In einer Pfanne drei Eßlöffel Öl mit den gehackten Knoblauchzehen erhitzen, ohne dass diese Farbe annehmen. Die kleinen Krabben zugeben, umrühren und eine Minute garen. Dann mit dem Paprika bestreuen und den Mangold und das Gläschen mit dem Kochwasser zufügen.
3. Alles bei schwacher Hitze einige Minuten garen lassen, bis das ganze Wasser verdampft ist. Falls nötig, mit Salz nachwürzen und sofort zum Aperitif oder als Vorspeise servieren oder als Füllung für die *Fladenbrote a la calfor* verwenden.

Der Name dieses Gerichts täuscht, denn dieser typische, im Landkreis von Safor zum Aperitif gereichte Imbiss wird nicht mit den üblichen großen Garneln, sondern mit den winzig kleinen Flussgarnelen zubereitet, die traditionell aus dem Sumpfgebiet von Pego-Oliva stammen.

olleta de músics

Musiker-Töpfchen

für 6 Personen

* 250 g weiße Bohnen * 1 Rübe * 250 g Distelstangen * 50 g Innereien vom Schwein (*freixura*) * 50 g Speck * 50 g Schweineherz (*coraeta*) * 50 g mageres Schweinefleisch * 50 g Schweinerippchen * 2 Zwiebel-Blutwürste * 1 Zwiebel * 2 Liter Wasser * ein paar Safranfäden * eine Prise Paprika * ein paar Thymianblätter * Olivenöl * frisch gemahlener Pfeffer * Salz

1. Am Vortag die weißen Bohnen mit Wasser abdecken und quellen lassen. Die Distelstangen säubern und in kaltem Wasser zum Kochen bringen, damit sie weiß werden und den bitteren Geschmack verlieren. Sobald das Wasser an zu kochen anfängt, abgießen und die Distelstangen beiseitestellen.
2. In einer Pfanne mit zwei Eßlöffel Öl die gehackte Zwiebel glasig dünsten. Eine Prise Paprika zugeben und beiseitestellen.
3. In einem Topf mit reichlich Wasser die weißen Bohnen zum Kochen bringen. Wenn das Wasser anfängt zu kochen, wegschütten und die Distelstangen und die gedünstete Zwiebel in den Topf geben. Wieder zwei Liter Wasser zugießen und die in Stücke geschnittene Rübe und das ganze Fleisch beifügen. Mit Salz, Pfeffer, Safran und ein paar Thymianblätter würzen und den Deckel aufsetzen.
4. Bei kleiner Hitze 2 Stunden köcheln lassen, beim Garen die Bohnen hin und wieder mit kaltem Wasser abschrecken.

In einigen Dörfern wird noch Reis dazugegeben. In Alcoy heißt es jedoch, dass eine echte *olleta de músics* keinen Reis enthält, denn mit diesem Gericht wurden die Musiker auf den Mauren-und-Christen-Festen belohnt, den sie erst verzehrten, als sie mit dem Spielen fertig waren – der Reis wäre schon längst verkocht.
Die *morcillas* müssen auseinanderfallen. Wer das nicht mag und bevorzugt, dass die Würste ganz bleiben, sollte sie erst in den letzten Minuten dazugeben.

pebreres farcides
Gefüllte Paprikaschoten

für 4 Personen

* 8 mittelgroße Paprikaschoten * 400 g Reis * 300 g feine grüne Bohnen (*fesols de careta*) * 125 g gesalzener Thunfisch (*tonyina de tronc*) * 2 reife Tomaten * 1 Petersilienzweig * ½ Liter Brühe * 2 Eßlöffel Pinienkerne * 3 Knoblauchzehen * ½ Teelöffel Zimt * ein paar Safranfäden * 125 ml Olivenöl * Salz

1. Am Vortag den Thunfisch in kleine Würfel schneiden und in Wasser legen. Das Wasser mehrmals wechseln.
2. Die Paprikaschoten waschen, abtrocknen und den Stielbereich wie einen Deckel herausschneiden. Die Samen entfernen und innen salzen. Die Deckel entstielen und in kleine Stücke schneiden.
3. Die Knoblauchzehen schälen und hacken. Eine Tomate reiben und die andere in acht Scheiben schneiden. Die Petersilie abbrausen und sehr fein hacken.
4. In einem breiten Topf das Öl erhitzen und die kleinen Paprikaschotenstücke zusammen mit den gehackten Knoblauchzehen andünsten, bis sie weich werden. Die geriebene Tomate zufügen, umrühren und den Thunfisch zugeben. Mit Petersilie bestreuen und die Pinienkerne zufügen. Mit einer Prise Zimt würzen, die in Stücke geschnittenen grünen Bohnen zufügen und etwa 10 Minuten bei sehr kleiner Hitze garen lassen.
5. Den Safran zufügen und einen halben Liter Brühe zugießen. Zum Kochen bringen und etwa 8 Minuten garen lassen. Den Reis zufügen und weitere 2 Minuten garen (der Reis sollte noch ziemlich hart sein).
6. Die Paprikaschoten mit der Zubereitung füllen und mit einer gesalzenen Scheibe Tomate schließen. Die ofenfeste Form mit sehr nassem Backpapier abdecken und bei 250° C 1 Stunde und 30 Minuten backen. Die Temperatur auf 170 ° herunterschalten und weitere 30 Minuten backen.

Um die roten Paprikaschoten besser füllen zu können, sollten mittelgroße genommen werden, die eine gerade Form haben. Diese Zubereitung ist typisch für Oliva im Landkreis von La Safor, es gibt allerdings auch zahlreiche Varianten. Sie werden ebenfalls *bajoques farcides* genannt.

putxero
Eintopf

für 8 Personen

* 400 g Kalbshachse * 250 g Hähnchenfleisch * 150 g Schweinefuß * 100 g frischer Speck * 1 Markknochen * 1 Schinkenknochen * 2 *blanquets* (grobe Weißwürste) * 2 *chorizos* (Paprikawürste) * 2 *morcillas* mit Zwiebel (Blutwürste) * 100 g Schweinerippchen * 250 g bereits eingeweichte Kichererbsen * 2 Kartoffeln * 1 Süßkartoffel * 150 g Distelstangen * 1 Rübe * 1 Karotte * 1 Pastinake * 1 Lauchstange * 1 Selleriestange * ein paar Safranfäden * 150 g Suppennudeln * Salz

<u>für die *pilotes* (Fleischklöße):</u>

* 250 g Schweinehackfleisch * 250 g Kalbshackfleisch * 2 Eier * 100 g Hähnchenleber * 1 Petersilienzweig * 4 Scheiben Brot in Milch aufgeweicht * eine Prise Zimt, Nelke, Muskatnuss und Pfeffer * Abrieb von 1 Zitrone * 50 g Schweineschmalz * Eiweiß zum Panieren * Salz

1. Für die *pilotes* alle Zutaten, klein gehackt, zu einem Fleischteig verarbeiten. Mit angefeuchteten Händen ovalförmige dicke Fleischklöße formen. Die Fleischklöße im Eiweiß wenden.
2. In einen hohen Topf das gesamte Fleisch und die Kichererbsen in einem Netzbeutel geben. Großzügig mit Wasser aufgießen, mit Salz und Safran würzen und zum Kochen bringen. Den entstehenden Schaum mehrmals abschöpfen und die Brühe bei schwacher Hitze köcheln. Nach einer Stunde das saubere und in Stücke geschnittene Gemüse zugeben. Weitere 1 ½ Stunden garen. 20 Minuten vor Ende der Garzeit, die *pilotes* zugeben.
3. Einen Teil der Brühe abgießen und die Suppennudeln darin zubereiten. Zuerst die Suppe, dann eine Schüssel mit den gegarten Fleischklößen und zum Schluss das Fleisch, die Kichererbsen und das Gemüse servieren.

Es können herzhafte und süße Fleischklöße zubereitet werden. Die süßen Fleischklöße mit Zucker, Zimt, Muskatnuss und Zitronenabrieb würzen.

03

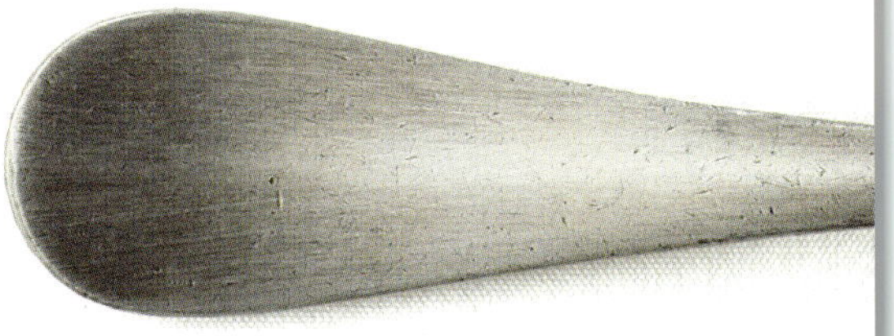

Rezepte für Hauptspeisen

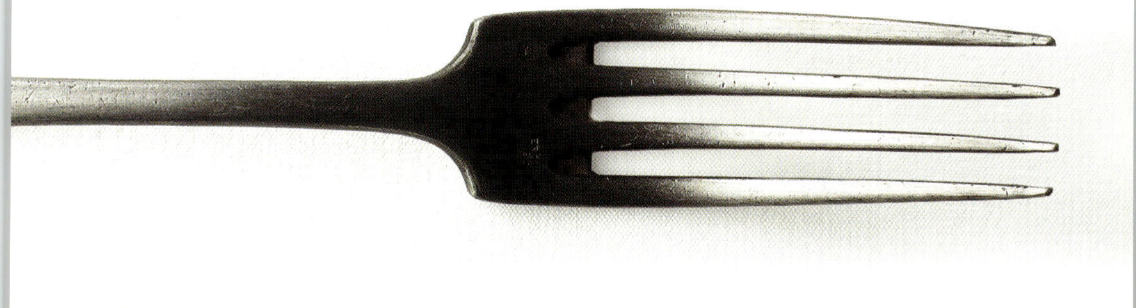

all i pebre d'anguiles
all i pebre mit Aal

für 4 Personen

* 1 kg Aal in Stücke geschnitten * 5 mittelgroße Kartoffeln * 1 Chilischote * 1 Knoblauchknolle * 1 Esslöffel Paprika * 100 ml Öl * 1 Lorbeerblatt * 2 Scheiben Brot * eine Handvoll Mandeln oder Pinienkerne * 1 Petersilienzweig * Pfeffer * Salz

1. Die Kartoffeln schälen und in Stücke schneiden. Die Knoblauchzehen ohne zu schälen leicht zerdrücken.
2. In einem Topf das Öl erhitzen und die Brotscheiben braten, bis sie eine goldgelbe Farbe annehmen. Das Brot herausnehmen und beiseitestellen. Die Knoblauchzehen zugeben und den Topf von der Herdplatte nehmen. Die Knoblauchzehen kurz in dem heißen Öl anbraten, ohne dass sie Farbe annehmen, und den Topf wieder auf die Herdplatte stellen.
3. Das Paprikapulver und das Lorbeerblatt zufügen, mit einem Glas Wasser ablöschen und die in Stücke geschnittenen Kartoffeln und Aale zugeben. Mit Wasser bedecken, salzen und pfeffern und die Chilischote zufügen. 25 Minuten bei starker Hitze garen lassen, gegebenenfalls noch etwas mehr Wasser zugießen.
4. Im Mörser eine *picada* zubereiten. Dafür die Mandeln zusammen mit dem gebratenen Brot, einigen Knoblauchzehen und etwas Petersilie zerstoßen. Nach der Hälfte der Garzeit diese *picada* zum *all i pebre* geben. Sehr heiß servieren.

Die Kartoffeln werden in mundgerechte Stücke geschnitten. Dabei wird ein Stück eingeschnitten und dann abgebrochen, damit mehr Stärke abgegeben und die Brühe sämiger wird. Nach Belieben kann eine Prise Zimt zugegeben werden. Die Variante mit Hähnchenfleisch ist unter dem Namen *espardenyà* bekannt.
Nach diesem typischen Rezept aus Albufera kann auch jeder Fisch zubereitet werden.

blanquillo de rap

blanquillo mit Seeteufel

für 4 Personen

* 650 g Seeteufel * 2 Kartoffeln * 1 Rübe * 150 g Distelstangen * 150 g flache grüne Bohnen * 1 Karotte * 1 Lorbeerblatt * 1 Petersilienzweig * 2 Knoblauchzehen * 2 Ñora-Paprikas * 1 große Tomate * Olivenöl * Salz

Für den Allioli:

* 2 dl Olivenöl * 1 Ei * 1 Knoblauchzehe * 1 Esslöffel Zitronensaft * eine Prise Salz

1. Die Kartoffeln und die Karotte schälen. Die Distelstangen und die grünen Bohnen waschen. Das ganze Gemüse in Stücke schneiden. Die Petersilie waschen, abtupfen und fein hacken. Den Seeteufel säubern, in Stücke oder Scheiben schneiden und mit Salz und Pfeffer würzen.
2. Den Allioli zubereiten. Dafür alle Zutaten in den Rührbecher geben und mit dem Stabmixer bis zur gewünschten Konsistenz emulgieren. (Der Allioli kann auch auf die traditionelle Art zubereitet werden: Die Knoblauchzehen werden mit einer Prise Salz im Mörser zerstoßen und dann wird nach und nach das Öl untergerührt).
3. In einem Topf drei Löffel Öl erhitzen und die Ñora-Paprikas anbraten. Die restlichen, leicht zerstoßenen Knoblauchzehen zugeben. Die Ñora-Paprikas herausnehmen, im Mörser zerkleinern und wieder zufügen. Die enthäutete und gehackte Tomate und die Petersilie zugeben und einige Minuten dünsten.
4. Das ganze Gemüse in den Topf geben, kurz anschwitzen und einen Liter Wasser oder Fischbrühe zugießen. Ein Lorbeerblatt zugeben, mit Salz und Pfeffer würzen und zum Kochen bringen. Die Hitze herunterschalten und ca. 15 Minuten garen.
5. Die Seeteufelscheiben zufügen und alles weitere 10 Minuten garen lassen. In einem Glas zwei Esslöffel Allioli mit Brühe verrühren und gegen Ende der Garzeit in den Topf geben. Sofort heiß servieren.

Das ist ein typisches Seemannsgericht der Küstendörfer im südlichen Alicante und der Insel Tabarca.
Es kann mit jedem Fisch zubereitet werden.

caldereta de llobarro
caldereta mit Wolfsbarsch

für 4 Personen

* 900 g Wolfsbarsch * 4 große Garnelen * 250 g Miesmuscheln * 200 g Venusmuscheln * 2 Tomaten * 1 Zwiebeln * 2 Kartoffeln * 1 rote Paprikaschote * 3 Knoblauchzehen * 1 gekochtes Eigelb * 1 Teelöffel Paprika * 1 Liter Fischbrühe * 1 Petersilienzweig * Olivenöl * Pfeffer * Salz

1. Die Venusmuscheln mindestens 6 Stunden in eine Schale mit Wasser und reichlich Salz legen, um den ganzen Sand, der sich in den Muscheln befinden kann, auszuschwemmen. Die Miesmuscheln säubern und die „Bärte" entfernen. Den Wolfsbarsch säubern, die Schuppen und die Innereien entfernen und in Stücke schneiden.
2. Die Tomaten waschen, enthäuten und hacken. Die Zwiebel und die Knoblauchzehen schälen und hacken. Die Paprikaschote waschen und in kleine Würfel schneiden. Die Kartoffeln schälen und in Scheiben schneiden. Die Petersilie waschen und fein hacken.
3. In einem Topf drei Löffel Öl erhitzen und die Zwiebel 10 Minuten bei sehr kleiner Hitze anschwitzen. Zwei gehackte Knoblauchzehen und die rote Paprikaschote zugeben, 2 weitere Minuten garen und die gehackte Tomate zufügen. Salzen und pfeffern, mit Paprika bestreuen und weitere 5 Minuten bei sehr kleiner Hitze garen.
4. Nach dieser Zeit die Kartoffeln zugeben und die heiße Fischbrühe zugießen. Zum Kochen bringen und 10 Minuten garen. Den Fisch zugeben und weitere 5 Minuten garen.
5. Im Mörser den restlichen gehackten Knoblauch, das Eigelb und die Petersilie zerstoßen. Die Masse in den Topf geben und unterrühren. Die Miesmuscheln, die Venusmuscheln und die Garnelen zufügen und alles weitere 3 - 4 Minuten garen. Sofort servieren.

Dieses Gericht wird auch gerne mit Bernsteinmakrele oder anderen Fischen mit festem, geschmackvollem Fleisch zubereitet.

cruet de congre i verdures
cruet mit Meeraal und Gemüse

für 4 Personen

* 750 g Meeraal in Scheiben oder anderer Fisch * 2 Kartoffeln * 1 Tomate * 1 Zwiebel * 2 Artischocken * 100 g Erbsen * 100 g de Saubohnen * 1 Petersilienzweig * 1 Karotte * 2 Knoblauchzehen * 1 Zitrone * Olivenöl * Pfeffer * Salz

1. Die Kartoffeln schälen und in feinen Scheiben schneiden. Die Karotte schälen und in Scheiben schneiden. Die Zwiebel schälen und in Scheiben schneiden. Die Saubohnen und die Erbsen aus den Schoten lösen. Die Artischocken putzen, in Viertel schneiden und mit Zitronensaft beträufeln, damit die Schnittstellen nicht dunkel werden. Die Tomate häuten und hacken.
2. In einem Topf drei Esslöffel Öl erhitzen und die Kartoffeln und die Zwiebel in Scheiben, die geviertelten Artischocken, die gehackte Tomate, die in Scheiben geschnittene Karotte, die Saubohnen und die Erbsen zugeben.
3. Den Meeraal zugeben, salzen und pfeffern und mit reichlich gehackter Petersilie bestreuen. Knapp mit Wasser oder Brühe bedecken und etwa 15 Minuten garen lassen, bis das Gemüse fast die ganze Brühe aufgenommen hat.
4. Im Mörser die Knoblauchzehen und die Petersilie zerstoßen und 5 Minuten vor Ende der Garzeit in den Topf geben. Sofort servieren.

Cruet oder *cru* bedeutet „roh", da alle Zutaten dieses Rezepts im rohen Zustand in den Topf gegeben werden. Dieses Rezept kann auch im Ofen zubereitet werden. Dafür rechnet man ca. 25 Minuten bei 180°C. Als typisches Resteessen der Fischer lässt der *cruet* Varianten mit einer Vielzahl an alternativen Fischen unterschiedlichster Qualität und mit anderen Gemüsesorten der Saison zu.

llandeta de molls
llandeta mit Rotbarben

für 4 Personen

* 800 g Rotbarben * 3 Kartoffeln * 2 Tomaten * 2 Zwiebeln * 2 Esslöffel Pinienkerne * 3 Knoblauchzehen * 1 Glas Wasser * 1 Petersilienzweig * 1 Chilischote * 1 Teelöffel Paprika * 6 Esslöffel Olivenöl * Salz

1. Die Kartoffeln schälen und in Scheiben schneiden. Die Zwiebeln schälen und in feine Scheiben schneiden. Die Knoblauchzehen schälen und in Scheiben schneiden. Die Rotbarben säubern, Schuppen und Innereien entfernen und mit Salz und Pfeffer würzen.
2. Den Boden eines Topfes oder Bräters mit den Kartoffelscheiben belegen. Salzen und pfeffern und dann die Zwiebeln, den Chili, die Knoblauchscheiben, die Tomatenscheiben und die Pinienkerne darauf verteilen. Erneut salzen und pfeffern und die Rotbarben hineinlegen. Mit dem Paprika und der gehackten Petersilie bestreuen.
3. Das Wasser und das Öl zugießen und 25 Minuten bei sehr kleiner Hitze garen. Den Fisch hin und wieder mit dem Bratensaft begießen, damit er nicht austrocknet. Sehr heiß servieren.

Um größere Mengen von diesem Gericht zuzubereiten, empfiehlt es sich, den Ofen zu benutzen und zuerst das Gemüse ungefähr 20 Minuten zu garen. Dann den Fisch zugeben und ca. 15 Minuten weiterbacken. Die *llandeta* kann mit anderen Fischen wie unter anderem Seehecht, Sepia, Meeraal, Krebsen und Haarschwänzen zubereitet werden.

polp amb penques
Krake mit Distelstangen

für 4 Personen

* 1 kg bereits gesäuberte Krake * 3 zarte Distelstangen * 450 g Kartoffeln * 1 Zwiebel * 1 Tomate * 8 Mandeln * 1 Scheibe Brot * 2 Knoblauchzehen * 1 Petersilienzweig * 1 Teelöffel Paprika * 1 dl Rotwein * 1 Lorbeerblatt * 1 Zitrone * Olivenöl * Pfeffer * Salz

1. Das Brot zerkleinern und zusammen mit den Mandeln in einer Pfanne mit ein paar Löffeln sehr heißem Öl frittieren. Im Mörser das Brot, die Mandeln, ein paar Petersilienblätter und eine Knoblauchzehe zerstoßen.
2. In einem Topf mit reichlich Salzwasser die Krake mit einem Lorbeerblatt und dem Rotwein 40 Minuten garen. Abtropfen lassen, in Stücke schneiden und beiseitestellen. Auch das Kochwasser beiseitestellen.
3. Die Distelstangen putzen, die Fäden entfernen und die Stangen in Stücke schneiden. In einem Topf mit kochendem Wasser und ein paar Tropfen Zitronensaft die Distelstücke 45 Minuten garen. Abtropfen lassen und in Wasser mit Eiswürfeln abschrecken, um den Garprozess zu unterbrechen.
4. In einem Topf mit drei Esslöffeln Öl die gehackte Zwiebel glasig dünsten. Den übrigen gehackten Knoblauch und die gehäutete, klein geschnittene Tomate zugeben. Mit Salz und Pfeffer würzen und weitere 5 Minuten anschwitzen.
5. Die geschälten und in Stücke geschnittenen Kartoffeln, die Krake und die Distelstücke in den Topf geben. Mit Paprika würzen, das Kochwasser von der Krake zugießen und 30 Minuten bei kleiner Hitze köcheln lassen oder so lange, bis die Kartoffeln gar sind. 10 Minuten vor Ende der Garzeit die zerstoßene Masse aus dem Mörser zugeben. Sehr heiß servieren.

Das ist ein typisches Rezept der Seemannsküche von Alicante. Um diesem Schmorgericht eine süße Note zu geben, kann ein Stück Schokolade zugegeben werden. Damit die Krake schön zart wird, sollte sie tiefgefroren und wieder aufgetaut werden. Auf diese Weise werden die Fasern ihres Fleisches aufgebrochen.

figatells

figatells

für 4 Personen

* 250 g Schweineleber * 250 g mageres Schweinefleisch * 1 Petersilienzweig * Schweinenetze * 2 Esslöffel Pinienkerne * 1 Petersilienzweig * ½ Teelöffel Gewürznelke * ¼ Teelöffel Zimt * ¼ Teelöffel Muskatnuss * frisch gemahlener schwarzer Pfeffer * Salz

1. Das gesamte Fleisch klein hacken. Die Petersilie waschen, abtupfen und fein hacken. Das Fleisch in einer großen Schüssel mischen und die gehackte Petersilie zugeben. Salzen und pfeffern und mit Gewürznelke, Zimt und Muskatnuss würzen. Gut umrühren, bis alles gut vermengt ist.
2. Mit nassen Händen leicht geplättete Klöße formen. Das Schweinenetz auf der Arbeitsfläche ausbreiten und die Klöße darauflegen, so dass zwischen ihnen ein ausreichender Abstand bleibt. Das Schweinenetz schneiden und die Klöße einwickeln.
3. Dann die Klöße etwas flach drücken, so dass sie wie kleine Frikadellen oder Hamburger aussehen. In einer Pfanne mit ein paar Tropfen Öl oder auf dem Grill garen und sofort servieren.

Das ist ein sehr beliebtes Rezept in den Landkreisen Safor, Ribera Baja, Marina Alta und l'Alcoià.

gaspatxo de conill i pollastre

gazpacho mit Kaninchen und Hähnchen

für 4 Personen

* 300 g Kaninchenfleisch in Stücken * 300 g Hähnchenfleisch in Stücken * 2 Tomaten * 1 Zwiebel * 1 Zweig *pebrella* (*Thymus piperella*) oder Thymian * 1 Lorbeerblatt * 250 g *torta de gazpacho* (eine Art Fladenbrot) * 2 Knoblauchzehen * Olivenöl * Paprika * Salz

1. Das Fleisch mit Salz und Pfeffer würzen und in einen Topf mit reichlich Salzwasser geben. Das Fleisch so lange garen, bis es gar ist.
2. In einer Gazpacho-Pfanne (breite Pfanne mit langem Stiel) mit vier Esslöffeln Olivenöl die gehackte Zwiebel bei kleiner Hitze glasig dünsten. Die Tomaten und die gehackten Knoblauchzehen zufügen. 15 Minuten weitergaren.
3. Das Kaninchen- und Hähnchenfleisch entbeinen, in die Pfanne geben und mitbraten. Salzen und pfeffern und das Kochwasser vom Fleisch zugießen. Das Lorbeerblatt und die *pebrella* (oder den Thymian) zufügen und alles 10 Minuten weitergaren.
4. Das in unregelmäßige Stücke zerteilte Fladenbrot zugeben und weitere 15 Minuten garen. Dabei darauf achten, dass das Brot nicht zu sehr zerfällt. Der Trick bei diesem Gericht liegt darin, die richtige Garzeit zu finden, so dass das Fladenbrot weich und saftig und die Brühe eingedickt und sämig ist.

Es gibt so viele *gazpachos*, wie es Jäger gibt. Es gibt unzählige Varianten mit jeglicher Art von Fleisch, traditionell vor allem mit Wild und Wildgeflügel, Wildkräutern und Pilzen der Saison. Ebenfalls können Paprikastreifen und Schinkenwürfel zugegeben werden. Die pebrella (*Thymus piperilla*) ist ein typisches wild wachsendes Kraut in den Bergen nördlich von Alicante. In vielen Rezepten werden alle Zutaten zusammen gebraten und die Brühe direkt in der Gazpacho-Pfanne zubereitet.

tombet de corder amb caragols
tombet mit Lamm und Schnecken

für 4 Personen

* 800 g in Stücke geschnittenes Lammfleisch * 2 Dutzend Schnecken * 1 Zwiebel * 1 Tomate * 1 hart gekochtes Ei * eine Handvoll Mandeln * 3 Knoblauchzehen * 1 Glas Weißwein * 1 Rosmarinzweig * 1 Thymianzweig * Petersilie * ½ Teelöffel Paprika * Safran * Pfeffer * Salz

1. Die Lammstücke mit einer Prise Paprika, frisch gemahlenem schwarzem Pfeffer und einer gehackten Knoblauchzehe würzen und 2 Stunden im Kühlschrank marinieren lassen.
2. Die Schnecken mit Wasser und Salz waschen. Das Wasser mehrmals wechseln. Die Schnecken in reichlich Wasser mit einem Rosmarin- und einem Thymianzweig bei sehr kleiner Hitze köcheln. Wenn die Schnecken beginnen aus dem Gehäuse zu treten, die Hitze hochschalten, damit das Wasser sofort kocht. 45 Minuten garen und Schnecken abtropfen lassen.
3. Im Mörser die Mandeln, das Eigelb, den Safran, die Petersilie und eine Knoblauchzehe zerstoßen.
4. In einem Tontopf mit zwei Esslöffeln Öl die Zwiebel glasig dünsten. Eine gehackte Knoblauchzehe, die gehäutete und in Stücke geschnittene Tomate und die Lammfleischstücke zugeben. Mit Salz und Pfeffer würzen, die Hitze hochschalten und öfter mal umrühren, damit der Inhalt nicht am Boden anbrennt. Wenn das Fleisch goldbraun ist, das Glas Wein zugießen und kurz bei starker Hitze einkochen lassen. Dann die Hitze wieder herunterschalten und bei sehr kleiner Hitze köcheln lassen.
5. Wenn das Fleisch fast gar ist, die Schnecken und die zerstoßene Masse zugeben. Alles noch ein paar Minuten garen und servieren.

Der *tombet* ist ein typisches Gericht der landeinwärts liegenden Landkreise des Trockenfeldbaus von Castellón.
Er kann mit Lamm-, Zickel-, Hähnchen oder Kaninchenfleisch zubereitet werden. Die *tombets* mit Saubohnen, grünen Bohnen und Blumenkohl sind ebenfalls beliebt. Sie werden unter anderem in Les Useres, Benassal, L'Alcora, Atzeneta und Figueroles sehr geschätzt.
Der Name *tombet* stammt vom Verb *tombar* (rütteln bzw. schütteln), da der Topf bewegt wurde, um die Zutaten umzurühren, damit sie nicht anbrannten.

04

Rezepte für Nachspeisen

arnadí de carabassa i moniato
arnadí mit Kürbis und Süßkartoffel

für 12 Personen

* 800 g geschälte Süßkartoffeln * 1,7 kg geschälter Kürbis * 300 g gemahlene Mandeln * 500 g Zucker * 4 Eigelb * 8 Esslöffel Korinthen * Abrieb von 2 Zitronen * 1 Zimtstange * 1 Teelöffel gemahlener Zimt * eine Prise schwarzer Pfeffer * Marcona-Mandeln und Pinienkerne zum Dekorieren

1. Den Kürbis und die Süßkartoffeln schälen, in Stücke schneiden, mit der Zimtstange in einen Schnellkochtopf geben und halb mit Wasser bedecken. Sobald das Ventil aufgestiegen ist, 30 Minuten garen. Abkühlen lassen, das Kürbisstroh entfernen und alles in einen Stoff- oder Baumwollbeutel geben. Den Beutel über Nacht hängen lassen, damit die ganze Flüssigkeit abtropfen kann.
2. Nach dieser Zeit beide Zutaten durch eine Kartoffelpresse drücken. Die Mischung zusammen mit Zucker, Zimt und Zitronenabrieb in einen Topf geben und bei sehr kleiner Hitze garen. Dabei ständig umrühren. Die gemahlenen Mandeln zufügen und 5 Minuten weitergaren. Die vier verquirlten Eigelb und die vorher eingeweichten und abgetropften Korinthen dazugeben und vermengen.
3. Diese Masse in einen großen Tontopf oder in mehrere kleine Förmchen geben und mit Hilfe einer Spatel eine Pyramide formen.
4. Den Ofen auf 180° C vorheizen. Den *anardí* mit den Pinienkernen und Mandeln schön dekorieren. Die Oberfläche mit einer Mischung aus Zucker und Zimt bestreuen. Im Ofen bei 180° C 5 Minuten backen. Die Ofentemperatur auf 150° C herunterschalten und weitere 15 Minuten backen. Den *arnadí* aus dem Ofen nehmen und vor dem Servieren abkühlen lassen.

Es gibt zahlreiche Varianten dieses typischen Osterrezepts. Ein wichtiger Tipp: Der Stoffbeutel (*coixinera*) muss mit einem neutralen Waschmittel gewaschen werden, damit der Kürbis keinen Geschmack annimmt.

bavaresa de torró de xixona i xocolata

Bavaroise mit *Torró de Xixona* und Schokolade

für 8 Personen

* 1 Tafel *Turró de Xixona* (Nougatkonfekt) * 300 ml Schlagsahen * 250 g Kuvertüre
* 3 Eier + 3 Eigelb * 6 Blatt Gelatine * 3 Esslöffel Zucker + 3 Esslöffel für den Karamell

1. In zwei Schalen jeweils drei Blatt Gelatine einweichen. Die Sahne steif schlagen. Bei kleiner Hitze drei Esslöffel Zucker erhitzen, bis der Zucker zu Karamell geworden ist. Den Karamell in die Form für die Bavaroise geben und den Boden damit bedecken.
2. Für die *Turró de Xixona*-Mousse: Das Nougatkonfekt in Stücke brechen und im Rührbecher zusammen mit den drei Eigelb mit dem Stabmixer zerkleinern. Drei Blatt Gelatine ausdrücken, in Stücke schneiden und in einer Kasserolle mit drei Esslöffel heißem Wasser auflösen. Zu der Nougatkonfektmasse geben und unterrühren. Die Hälfte der Schlagsahne zufügen, vorsichtig mit kreisförmigen Bewegungen unterheben und die Masse in die Form mit dem Karamell geben.
3. Mousse au Chocolat: Die Schokolade hacken, über dem Wasserbad schmelzen und vom Herd nehmen. Die übrige Gelatine ausdrücken, in Stücke schneiden und in einer Kasserolle mit etwas heißem Wasser auflösen. Die Schokolade zufügen und alles gut verrühren.
4. Die drei Eier trennen. Das Eiweiß zu einem festen Schnee schlagen. Die Eigelbe mit drei Esslöffeln Zucker verquirlen und dann in die geschmolzene Schokolade rühren. Die übrige Schlagsahne zufügen und dann den Eischnee in großen Kreisen in die Masse heben.
5. Die Schokoladenmousse auf die Turrón-Mousse geben, die Schale in den Kühlschrank stellen und die Masse für mindestens 6 Stunden fest werden lassen.

Die *Turró de Xixona*-Mousse ist auch alleine köstlich. Wenn sie zubereitet ist, wird sie in Schälchen gefüllt und zum Festwerden in den Kühlschrank gestellt.

flaons de morella
flaons aus morella

für 15 *flaons*

für den Teig: * 250 ml Sonnenblumenöl * 1 dl Anislikör * 2 Esslöffel Muskateller * 60 g Zucker * 600 g Mehl
für die Füllung: * 100 g Frischkäse * 50 g gemahlene Mandeln * 1 Ei * 1 Teelöffel Zimt * 60 g Zucker * 1 Eigelb zum Bestreichen der *flaons* * Zucker zum Bestreuen * Zimt zum Bestreuen

1. Füllung: Das Ei trennen. Das Eiweiß zu einem festen Schnee schlagen. Den Frischkäse durch einen Sieb streichen, damit er schön locker wird. Mit dem Eigelb und einer Prise Zimt verrühren. Den Zucker zugeben und umrühren. Das Eischnee zufügen und beiseitestellen.
2. Für den Teig: Das Mehl auf die Arbeitsfläche sieben und einen Vulkan formen. Die Mulde mit dem Anisschnaps, dem Muskateller, dem Öl und dem Zucker füllen. Alle Zutaten zu einem homogenen Teig verarbeiten. Eine Kugel formen, mit Frischhaltefolie einwickeln und 30 Minuten im Kühlschrank ruhen lassen.
3. Nach dieser Zeit den Teig mit einen Nudelholz ausrollen und mit einem Metallring Kreise von ungefähr 12 cm Durchmesser ausstechen.
4. Einen Esslöffel der Füllung auf die eine Hälfte des Teigkreises setzen, den Teig zum Halbkreis umklappen und die Ränder in Form eines Zopfes andrücken.
5. Die *flaons* mit dem verrührten Eigelb bestreichen, mit dem vermischten Zucker und Zimt bestreuen und 15 Minuten bei 180° C oder goldbraun backen. Aus dem Ofen nehmen und nach Belieben mit noch etwas Zucker und Zimt bestreuen. Vor dem Servieren abkühlen lassen.

Dieses ursprünglich arabische Rezept ist das typischste Gebäck der malerischen Ortschaft Morella und ihrem Landkreis. Es wird mit dem *brull* bzw. Frischkäse zubereitet, der nach dem Kochen und Abtropfen der überschüssigen Molke aus der Herstellung traditioneller Käsesorten der Gegend erhalten wird.

pilotes de frare
Mönchskugeln

für 12 Kugeln

* 300 g Mehl * 250 ml Milch * 100 ml Sonnenblumenöl * 3 Eigelb * Abrieb von 1 Zitrone * 50 g Hefe * 2 Esslöffel Zucker * Sonnenblumenöl

<u>für die Konditorcreme:</u>

* 300 ml Milch * 3 Eigelb * 70 g Zucker * 20 g Maizena * ein Stück Zitronenschale * 1 Teelöffel Vanillezucker

1. Die Hefe in der lauwarmen Milch auflösen. Das Öl, die Eigelbe, den Zucker und den Zitronenabrieb zufügen. Das Mehl zugeben, zu einem Teig verarbeiten und eine Kugel formen.
2. Mit angefeuchteten Händen den Teig in zwölf Stücke teilen und Kugeln daraus formen. Die Teigkugeln auf einem feuchten Tuch lassen, bis sie das Volumen verdoppelt haben.
3. Für die Creme: Die Milch mit einem Stückchen Zitronenschale zum Kochen bringen. Wenn die Milch aufkocht, vom Herd ziehen, den Deckel aufsetzen und abkühlen lassen. Die Eigelbe mit dem Zucker und dem Vanillezucker verrühren. Die bereits lauwarme Milch unter Rühren zugießen. Etwas Milch für die Maizena Speisestärke beiseitestellen. Die Milchmischung bei sehr kleiner Hitze erwärmen. Die Speisestärke zufügen und noch einige Minuten köcheln lassen, bis die Creme eine dickflüssige Konsistenz hat. Vom Herd ziehen und die Zitronenschale entfernen. Abkühlen lassen.
4. Die Teigkugeln in einer Pfanne mit reichlich heißem Sonnenblumenöl goldgelb ausbacken (das Öl darf nicht zu heiß sein, da die Kugeln sonst zu schnell dunkel werden, aber innen noch roh sind). Auf Küchenpapier abtropfen und abkühlen lassen. Die Teigbällchen mit der Konditorcreme füllen, mit Zucker bestreuen und servieren.

Dieses köstliche Rezept, das, wie der Name schon sagt, eine wahrhaft göttliche Sünde ist, ist ein typisches Gebäck aus Castellón. Das Sonnenblumenöl kann durch Butter ersetzt werden. Damit es leichter wird, die Teigbällchen zu füllen, können sie nach dem Frittieren und Abkühlen tiefgefroren werden.

rossegons o carquinyolis

rossegons oder *carquinyolis*

* 350 g Mehl * 200 g rohe Mandeln mit Haut * 200 g Zucker * 2 Teelöffel Backpulver * 2 Eier + 1 Eigelb * Abrieb von einer ½ Zitrone

1. Die Eier mit dem Zucker schaumig schlagen. Den Zitronenabrieb und das Backpulver zugeben und unterheben. Das Mehl portionsweise zugeben und verrühren, bis eine homogene Masse entstanden ist.
2. Die Mandeln zugeben, unterheben und mit dem Teig mehrere gleich große Rechtecke von ungefähr 35 cm Länge x 5 cm Breite formen.
3. Den Ofen auf 170° C vorheizen. Die Rechtecke mit dem mit einem Esslöffel Wasser verrührten Eigelb bestreichen und auf ein mit leicht eingefettetem Backpapier ausgelegtes Backblech legen. Bei 170° C 20 Minuten backen oder bis die *carquinyolis* fest genug sind, um sie schneiden zu können.
4. Die *carquinyolis* aus dem Ofen nehmen, auf die Arbeitsfläche legen und quer in ungefähr 1,5 cm dicke Scheiben schneiden.
5. Die entstandenen Scheibchen wieder auf das Backblech legen und erneut weitere 10 Minuten backen.

Von diesem beliebten Gebäck gibt es zahlreiche Rezepte. Das Geheimnis besteht darin, den Teig mit nicht zu viel Mehl zu verarbeiten und die *carquinyolis* nach der Hälfte der Backzeit zu schneiden, wenn sie noch nicht hart geworden sind. Die letzten Backminuten dienen dazu, dass die *carquinyolis* schön braun und knusprig werden.

figues albardades
Feigen im Teigmantel

*** 500 g getrocknete Feigen * 350 g Mehl (oder so viel wie nötig) * 15 g Hefe * 1 Glas warmes Wasser * eine Prise Salz * Zucker zum Bestreuen * Olivenöl zum Frittieren**

1. Die Hefe mit einer Prise Salz im warmen Wasser auflösen. Die nötige Menge Mehl einrühren, bis ein dickflüssiger Teig entsteht; er darf nicht fest sein. Abdecken und 45 Minuten gehen lassen, bis sich Luftblasen bilden.
2. In der Zwischenzeit die Feigen entstielen und in der Mitte wie ein Buch aufschneiden.
3. Die geöffneten Feigen in Zweierportionen nehmen, in den Teig tauchen und in der Pfanne im heißen Öl goldgelb ausbacken.
4. Auf Küchenpapier abtropfen lassen und vor dem Servieren mit reichlich Zucker bestreuen.

Um den Feigen noch mehr Geschmack zu geben, können sie vorher in einem Likör, Brandy oder Muskateller mariniert werden.

panquemao a la taronja
panquemao mit Orange

5 Stück

* 600 g Mehl * 130 g Zucker * 25 g Hefe * Abrieb von 1 Orange * 3 Eier + 1 Ei zum Bepinseln * 40 ml Sonnenblumenöl * 75 ml Milch * 25 ml süßer Anislikör * eine Prise Salz

1. Die Hefe in der lauwarmen Milch auflösen. Das Mehl in eine große Schüssel sieben, einen Vulkan formen und die übrigen Zutaten zugeben. Zu einem homogenen Teig verarbeiten. Mit einem Tuch abdecken und gehen lassen, bis sich das Volumen verdoppelt hat.
2. Den Teig nochmal mit den Händen durchkneten, um die ganze Luft entweichen zu lassen. Dann mit angefeuchteten Händen den Teig in fünf Portionen zu je 200 g teilen und Kugeln daraus formen. Die Teigkugeln auf ein mit Backpapier ausgelegtes Backblech legen. Zwischen ihnen genügend Abstand lassen. Mit einem Geschirrtuch abdecken und nochmals 2 ½ Stunden gehen lassen.
3. Den Ofen auf 180° C vorheizen. Jede Teigkugel mit einem scharfen Messer quer einschneiden. Mit dem verquirlten Ei bestreichen und mit reichlich mit einigen Tropfen Wasser befeuchtetem Zucker bestreuen. Auf der mittleren Schiene 25 Minuten bei 180° C backen. Vor dem Servieren auf einem Gitter abkühlen lassen.

Die Milch kann durch Orangensaft ersetzt werden. Dieses Rezept und seine zahlreichen Varianten sind zu Ostern sehr beliebt. Wenn es in der Mitte ein gekochtes Ei hat, heißt es *mona de Pasqua*. Je nach Gegend erhalten ganz ähnliche Zubereitungen andere Namen: *panou, tonya, cóc, fogassa, pa socarrat* usw. Wenn der Teig mit Walnüssen und Rosinen zubereitet wird, nennt man das Gebäck *reganyaes*.

almoixàvena
almoixàvena

für 8 Personen

* 4 Eier * 100 g Mehl * 80 ml Olivenöl * 240 m Wasser * 1 Esslöffel Zucker
* 1 Teelöffel Schweineschmalz * 1 Teelöffel Zimtpulver

1. In einem Topf das Wasser mit dem Öl erhitzen und nach dem Aufkochen das Mehl in einem Mal hineinschütten. Vom Herd ziehen und verrühren, bis ein homogener Teig entsteht, der sich vom Topf löst.
2. Wenn der Teig abgekühlt ist, nach und nach die Eier zugeben und 10 Minuten umrühren.
3. Den Ofen auf 230° C vorheizen. Ein Backblech leicht einfetten und den Teig darauf gleichmäßig verteilen, so dass er ungefähr 1 cm dick ist.
4. Auf den Teig kleine Stückchen Butter geben, leicht mit Zucker und Zimt bestreuen und 30 Minuten bei 200°C backen, bis er aufgegangen und goldgelb ist.
5. Aus dem Ofen nehmen, abkühlen lassen und vor dem Servieren nochmals mit Zucker und Zimt bestreuen.

Dieses typische Rezept aus Ontiyent und Xátiva ist auch unter den Namen *monchovenes*, *monjàvenes* oder *monxavinas* bekannt. Zur Fastenzeit und zu Allerheiligen wird dieses Gebäck gerne zum Kaffee oder als Imbiss am Nachmittag gereicht. Es kann mit Sirup, geschmolzener Schokolade oder Honig angerichtet werden. Wenn der Kuchen so richtig aufgeht, kann er vorsichtig aufgeschnitten und mit einer Creme aus gezuckerter Kondensmilch und Eigelb gefüllt werden.

coca de castelló
Castelló-Kuchen

für 8 Personen

* 180 g gemahlene Mandeln * 120 g kandierter Kürbis * 360 g Zucker * 540 g Kartoffeln * 4 Eier * 1 Tütchen Natron oder Backpulver * Abrieb von einer ½ Zitrone * eine Prise Salz

1. Den Ofen auf 170° C vorheizen. Die Kartoffeln schälen, in einem Topf mit kochendem Wasser 30 Minuten garen, abtropfen lassen und durch eine Kartoffelpresse drücken. Das Püree mit der Hälfte des Zuckers vermengen.
2. Die Eier trennen. Das Eiweiß mit dem übrigen Zucker zu einem festen Schnee schlagen.
3. Das Eigelb verquirlen und mit dem Eischnee verrühren. Die gemahlenen Mandeln, den Zitronenabrieb, das Backpulver, den geriebenen kandierten Kürbis und das Kartoffelpüree zufügen.
4. Ein Backblech mit Backpapier auslegen und den Teig darauf verteilen. 15 Minuten bei 170° C backen, die Temperatur auf 120° C herunterschalten und weitere 15 - 20 Minuten backen oder so lange, bis kein Teig mehr am Holzstäbchen kleben bleibt, wenn man damit in den Teig sticht.
5. Den Kuchen abkühlen lassen und vor dem Servieren mit Puderzucker bestreuen.

Dieser Arme-Leute-Kuchen ist auch unter dem Namen *coca de creïlla* (Kartoffelkuchen) bekannt.

coca celestial
Himmelskuchen

für 8 Personen

* 300 g gemahlene Mandeln * 300 g Zucker * 200 g kandierter Kürbis * 3 Eiweiß * 4 Eigelb
* Walnüsse, kandierte Kirschen und sonstiges eingezuckertes Obst zum Dekorieren
* 1 Oblate *pan de ángel (Gebäck)*

1. Den Ofen auf 180° C vorheizen. Den kandierten Kürbis fein reiben und mit dem Eigelb vermengen.
2. Das Eiweiß mit dem Handrührgerät zu einem festen Schnee schlagen. Das Zucker zufügen und weiter schlagen, bis eine Baisermasse entsteht. Die gemahlenen Mandeln zugeben und weiter schlagen, bis alles gut vermengt ist. Die Masse in zwei Hälften teilen.
3. Die eine Hälfte vorsichtig auf die Oblate streichen und darauf die Kürbis-Eigelb-Masse verteilen.
4. Mit der zweiten Hälfte der Masse bedecken und die Oberfläche mit dem übrigen Eigelb bepinseln. Den Kuchen mit gezuckerten Früchten, kandierten Kirschen und Walnüssen garnieren.
5. 20 Minuten bei 180° C backen. Dabei aufpassen, dass der Kuchen nicht verbrennt. Auf einem Gitter abkühlen lassen und servieren.

Dieser köstliche Kuchen war auf der Weihnachtstafel in den Dörfern nördlich von Castellón sehr beliebt. Er wird ebenfalls in einigen Landkreisen Valencias gebacken.

Wörterverzeichnis

All i pebre: Traditionelle Zubereitung mit Knoblauch und Paprika, eingedickt mit Brot oder zerstoßenen Mandeln. Die typischste Spezialität wird in Albufera mit Aalen zubereitet.
Aladroc: Sardelle oder Anschovis (*Engraulis encrasicolus*)
Blat picat oder forment picat: *Trigo picado*. Aufwendiger, traditioneller Eintopf mit Weizenkörnern, die vorher eingeweicht werden.
Bajoques: Grüne Bohnen. In einigen Landkreisen bezeichnet man mit *bajoques* Paprikaschoten (sehr beliebt sind *bajoques* bzw. *pimentons farcits*, gefüllte Paprikaschoten).
Borra: Volkstümliches Gericht mit Kabeljau oder Fregattenmakrele (auch mit Thunfisch oder Sepia), Kartoffeln, Spinat, Öl, getrockneten Paprikaschoten, Knoblauch, Paprika und Salz. Es wird mit pochierten Eiern serviert. Bekannte Varianten wie *borretas* haben in der Regel weniger Zutaten.
Brull: Frischkäse
Caragolada oder caragolá: Fröhliches Festessen mit Schnecken
Casca: Rundes süßes Marzipangebäck, das mit Eigelb, Süßkartoffeln oder Kürbis gefüllt wird. Es wurde einstmals am Dreikönigstag verspeist, als sich der Dreikönigskuchen (Roscón de Reyes) noch nicht durchgesetzt hatte.
Cassoleta: Töpfchen. Es bezeichnet die Formen, die verwendet wurden, um dem Käse seine Form zu geben.
Creïlla: Kartoffel
Crespells: Allgemeine Bezeichnung für diverse Gebäckspezialitäten in verschiedenen Landkreisen
Espencar: Zerkrümeln, zerpflücken
Fanguejat: *Fangueo*. Landwirtschaftlicher Vorgang, bei dem der Boden der Reisfelder, die vorher leicht mit Wasser überschwemmt werden, mit Hilfe von Baggerschaufeln oder Spezialrädern, die hinten an den Traktoren befestigt sind, für die anschließende Düngung und Aussaat tief durchpflügt wird.
Farinetes: Brei
Fartons: Länglich geformtes Zuckergebäck, mit Zuckerguss überzogen, als Beilage für die *horchata*.

Figatells: Oval geformte Fleischklöße mit Schweinehack aus Magerfleisch, Leber und Nieren, aromatisiert mit Gewürzen und umwickelt mit Schweine- bzw. Fettnetz.
Flaons: Teilchen in Form von Teigtäschchen, die mit Frischkäse gefüllt werden.
Garreta: Teilstück der Keule, Hachse
Llanda (oder llauna): Flacher, niedriger Metallbehälter zum Garen im Ofen
Marjal: In der Landwirtschaft ein Feld oder eine Parzelle, auf der Reis angebaut wird. Geologisch wird damit ein Feuchtgebiet am Meer bezeichnet.
Minxos: Kleine *cocas* aus Weizen- oder Maismehl, generell mit länglicher Form. Können gemahlene Erdnüsse enthalten.
Pebrella: Sp. Piperela (*Thymus pyperella*). Gewürzkraut
Pebreres: Paprikaschoten (auch *pimentons, pebres, pebrots, bajoques*)
Pericana: Typisches Gericht aus den Bergen Alicantes, wo es für gewöhnlich im Winter bei der Olivenernte verzehrt wurde, um das Olivenöl zu probieren.
Porquejà oder matança: Schweineschlachtung
Sèquia: Bewässerungsgraben bzw. –kanal. Im Feuchtgebiet fließt das Wasser der Bewässerungsgräben strahlenförmig nach Albufera, die vom überschüssigen Wasser der Flüsse Xúquer und Túria gespeist werden.
Salmorreta: Alicantinische Sauce mit Ñora-Paprikaschoten, Knoblauch, Petersilie, Essig und gebackenen Tomaten
Tombet: Typisches Rezept der Bergregionen von Castellón. Die Zutaten werden durch eine sanfte Hin- und Herbewegung, die der *cazuela* mit Griffen eigen ist, vermengt.
Txulles: Koteletts
Riu rau: Ländlicher Bau mit Veranden, typisch für die alicantinische Marina Alta, die dazu diente, die Rohrgeflechte, auf denen die Rosinen getrocknet wurden, vor Feuchtigkeit und Regen zu schützen.
Vaquetes: Bergschnecken

Bibliografie

Canut, Enric; Monné, Toni: *Quesos y paisajes*. Ed. Udyat. Barcelona. 2008
Carceller, Alicia: *Menjar i viure a Morella.* Ed. Empúries. Barcelona 1991
Dacosta, Quique: *Arroces contemporáneos*. Montagud Editores. Barcelona. 2005
Domínguez, Martí: *Els nostres menjars.* Vicent García Editores. Valencia. 1979
Font i Bel, Àngels: *La cuina de Sant Mateu. Maestrat ahir, avui i sempre.* lacuinadesantmateu.cat. 2011
Luján, Néstor; Perucho, Juan: *El libro de la cocina española*. Ed. Danae. Barcelona. 1970
Llorca, Carlos; Ruíz, Ángeles: *Gastroguía de la Costa Blanca.* Patronato Provincial de Turismo de la Costa Blanca. Diputación de Alicante. Alicante, 1999
Llorca, Carlos; De Diego, Pau; Ruíz, Ángeles: *Vademécum de cocina de la Marina Baixa*. Agència Valenciana del Turismo. Valencia. 1997
Martínez, Manuel M.: *Historia de la gastronomía española*. Ed. Alianza. Madrid.1989.
Millo, Lorenzo: *Cocina Valenciana*. Ed. Everest. León. 1995
Piera, Emili. *La cocina valenciana*. Algar editorial. Alzira. 2002
Seijoo Alonso, Francisco G.: *Gastronomía de la provincia de Alicante.* Ed. Villa. Alicante. 1974
Seijoo Alonso, Francisco G.: *Gastronomía de la provincia de Valencia.* Ed. Villa. Alicante. 1977
Tortosa, Paco; Prósper, Pepa. *L'Albufera. Guia de descoberta del Parc Natural.* Publicacions de la Universitat de València. Valencia. 2007
Vázquez Montalbán, Manuel: *La cocina de los mediterráneos. Viaje por las cazuelas de Cataluña, Valencia y Baleares.* Ed. Zeta. Barcelona. 2002
Vergara, Antonio; VV.AA.: *Anuario de la cocina de la Comunitat Valenciana*. Editorial Prensa Valenciana.
Watson, Jeremy: *Vinos de España*. Montagud Editores. Barcelona. 2002

Rezeptverzeichnis

Dank

Pablo Martí de Veses, Reme Benavent, Dani Boix, Dolors Amat, Flavia Silva, Oriol Casanovas, Landwirte und Agrargenossenschaft Salsadella, Restaurant La Pepica, Jorge Llorach (www.alcachofabenicarlo.com), Agrargenossenschaft "San Isidro" in Benicarló, Vicent Peris, Antonio Albiol (Fischerbruderschaft "San Pedro" in Vinaroz), Miquel Vives (www.quesosdecati.com), Demetrio Ferrando und Familie (www.demetriotrufadebenassal.es), José und Mª José (Mesón El Viscayo), Fischergemeinschaft von El Palmar (www.cpescadoreselpalmar.com), Primitivo Rovira und Söhne (www.turronesprimitivo.com), Moltto, Germà Alcayde (www.chufadevalencia.org), Horchatería Sequer lo blanch (www.sequerloblanch.com), Jose Alfonso Sierra D.O Vinos Utiel-Requena (www.utielrequena.org), Cristina Correoso, Bodegas Emilio Clemente (www.eclemente.es), José Luis Claramunnt, Bodegas Vicente Gandia (www. vicentegandia.es), Primitivo Quiles (www.primitivoquiles.com), Carmelitano Bodegas y Destilerías